Wellensittiche

AUTORIN: HILDEGARD NIEMANN | FOTOGRAF: OLIVER GIEL

Inhalt

Typisch Wellensittich

Wellensittiche sind faszinierende Geschöpfe. Die anhaltende Begeisterung für diese quirligen und charmanten Mini-Exoten ist nach wie vor ungebrochen, so dass sie weltweit zu den beliebtesten Heimtieren zählen. Doch was macht diese kleinen Australier eigentlich so unwiderstehlich?

Neugierig, verspielt und sozial

Als die Wellensittiche 1770 auf einer Exkursion von Kapitän James Cook in Australien entdeckt wurden, ahnte niemand, dass die hübschen Papageien einmal Einzug in Millionen von Wohnungen halten würden. Allerdings dauerte es eine Weile, bis die ersten Sittiche bei uns eintrafen. Erst 1840 traten sie schließlich ihren Siegeszug an, als der berühmte Naturforscher John Gould die ersten lebenden Wellensittiche nach Europa brachte. Hier erwiesen sie sich als Überlebenskünstler: Bereits einige Jahre später begannen die Vögel in Europa Junge aufzuziehen – damals eine Sensation. Die erste deutsche Zucht gelang – mehr zufällig – einer Berliner Fabrikantengattin in einer Kokosnuss-Schale. Inzwischen zählen Wellensittiche zu den beliebtesten Heimtieren überhaupt. Man schätzt, dass mehr als 30 Millionen Wellensittiche als Heimvögel gehalten werden. Obwohl sie nur 40 bis 60 Gramm leicht sind, können die Vögel bei guter Pflege bis zu 15 Jahre alt werden. War das Gefieder der wilden Wellensittiche noch von den Farben Grün, Gelb und Schwarz bestimmt, gibt es heute viele Varianten: Man hat die Wahl zwischen einfarbigen, gescheckten und vielen unterschiedlichen Farbschlägen.

Kurzweilige Gefährten

Weil das Sozialleben der kleinen Australier überaus komplex ist, kann man bei seinen Pfleglingen Tag für Tag neue Details beobachten. Wellensittiche sind sehr intelligent und setzen sich aktiv mit ihrer Umwelt auseinander. Bisweilen lernen vor allem männliche Wellensittiche das »Sprechen«. Die Energiebündel sind neugierig und brauchen viel Beschäftigung, um fit zu bleiben. Und kein Vogel gleicht dem anderen, denn jeder Wellensittich hat seinen ganz eigenen Charakter.

Wellensittiche sind nicht nur ideale Heimvögel für Liebhaber australischer Sittiche. Weil sie relativ unkompliziert zu pflegen sind, eignen sie sich auch sehr gut für Einsteiger in die Papageienhaltung, für Kinder, für Senioren sowie für berufstätige Halter, die nicht den ganzen Tag Zeit für ihre Pfleglinge haben. Ihre Wirkung auf uns Menschen ist erstaunlich. Amerikanische Studien haben gezeigt, dass die Haltung von Wellensittichen nicht nur den Blutdruck senkt, sondern auch Depressionen vorbeugt. Der Grund: Sittichbesitzer kommunizieren mehr untereinander, weil das gemeinsame Thema »Wellensittiche« auch den Weg zu anderen Gesprächen ebnet. Wer sich für einen Wellensittich entscheidet, ist zudem von seinem Charakter her sehr aufgeschlossen für seine Mitmenschen.

Wasser ist das Lebenselixier wilder Wellensittiche: Es bestimmt, wann die Vögel brüten und wohin die kleinen Nomaden ziehen.

Perfekte Mitbewohner

Weil Wellensittiche eine ausgeprägte soziale Ader haben, wachsen sie ihren Besitzern rasch ans Herz. Sie erweisen sich dabei als prima »Untermieter«, die aus der Familie bald nicht mehr wegzudenken sind. Viele Argumente sprechen für diese Tiere:

› Sobald Sie das Vertrauen Ihrer Wellensittiche gewonnen haben, steht Spaß und Spiel nichts mehr im Weg. Die Vögel werden in kurzer Zeit handzahm und lassen sich dann vor allem am Kopf gern kraulen. Die Berührung am Körper mögen sie dagegen nicht.

› Der Lautstärkepegel von Wellensittichen ist – anders als bei manch anderen Papageienarten – gering, so dass sie sich prima für die Haltung in der Mietwohnung eignen. Das schont die Nerven Ihrer Nachbarn!

› Wellensittiche werden richtige Familienmitglieder: Sie sind sehr neugierig und wollen aktiv am Familienleben teilnehmen.

› Langweilig wird es in der Welt der kleinen Australier niemals: Hält man einen kleinen Schwarm, kann man Liebesbeziehungen, Eifersuchtsdramen, Intrigen, Freundschaften und innige Zuneigung beobachten. Die Körpersprache der Wellensittiche ist erstaunlich variantenreich, und es macht einfach Spaß, dem munteren Treiben dieser quirligen Papageien zuzusehen.

› Manche Wellensittiche – vor allem Männchen – ahmen sogar Worte und Laute nach.

› Der einzige Nachteil der Sittiche: Ganz ohne Schmutz und Staub geht es nicht. Beim täglichen mehrstündige Freiflug – ein absolutes Muss – lassen die Vögel kleine Kothäufchen fallen, und natürlich müssen Futterreste und verstreuter Vogelsand täglich mit dem Staubsauger beseitigt werden (→ Seite 51). Personen mit Atemwegserkrankungen oder einer starken Allergieneigung sollten sich deshalb besser für ein anderes Heimtier entscheiden.

Australien: Heimat der Wellensittiche

Der ursprüngliche Lebensraum unserer Wellensittiche ist Australien, das Land der Kängurus und Koalas. Ungefähr 70 Prozent dieses Kontinents bestehen aus wüstenartigen Landschaften, in denen es selten regnet. Die Wachstumsphasen der Pflanzen sind deshalb sehr kurz, manchmal dauern sie nur einen Monat. Diesen harten Lebensbedingungen halten nur etwa zwei Dutzend Vogelarten stand, darunter auch die kleinen, grüngelben Wellensittiche.
Wellensittiche sind an diese harten Bedingungen so gut angepasst, weil sie zu den wenigen Landvögeln gehören, die große Salzdrüsen besitzen. Dadurch ist es ihnen möglich, auch Wasser aus Salzseen zu trinken – sie scheiden das überschüssige Salz anschließend über diese Drüsen einfach wieder aus.
Außerdem besetzen Wellensittiche eine besondere ökologische Nische: Sie gehören zu den wenigen Kleinsaatenfressern Australiens und ernähren sich hauptsächlich von winzigen, nur etwa 1,3 g schweren Samen zwischen 0,5 und 2,5 mm Länge. Dem ständig wechselnden Nahrungsangebot passen sie sich an, indem sie als Nomaden durch das Land ziehen. Spinifex-Gräser und bodenbedeckende Pflanzen sind ihre Hauptnahrungsquelle. In der Wildnis beschäftigen sich die Sittiche fast den ganz Tag mit der Suche nach solchen Samen, verstärkt frühmorgens und am späten Nachmittag. Sie laufen ständig am Boden umher, klettern Grashalme hinauf und wechseln oft die Richtung. Immerzu müssen die quirligen Vögel dabei auf Greifvögel und andere Fressfeinde achten. Kein Wunder, dass unsere Sittiche so aufmerksam sind!

Wellensittiche – **geeignet** für mich?

Bevor Sie sich für Wellensittiche entscheiden, sollten Sie die folgende Fragen möglichst ehrlich beantworten und sich prüfen, ob diese Vögel wirklich geeignet für Sie sind.

VIELE JAHRE VERANTWORTUNG Wellensittiche werden bis zu 15 Jahre alt. Können Sie die Verantwortung für die Tiere so lange übernehmen?

GESELLIGKEIT UND FREIFLUG Wellensittiche sollten mindestens zu zweit gehalten werden, sie brauchen Spiel und Kommunikation mit dem Artgenossen. Haben Sie genug Platz für mehrere Vögel? Haben Sie einen Raum, den die Vögel für Ihren täglich Freiflug nutzen können?

ARBEIT UND SCHMUTZ Ausgefallene Federn, Kot und Staub müssen täglich entfernt werden. Sind Sie bereit, diese Arbeiten zu übernehmen? Leiden Sie vielleicht unter einer Allergie?

KOSTEN Käfig und Einrichtung kosten ca. 300 Euro, Futter, Spielzeug und Tierarzt ca. 200 Euro pro Jahr. Können Sie dies für Ihre Vögel aufbringen?

KINDER Durch die Vögel können Kinder Verantwortung und Rücksichtnahme lernen. Die Fürsorge für die Vögel ist aber immer Aufgabe der Eltern. Sind Sie bereit, diese zu übernehmen?

Ein Tag im Wellensittich-Schwarm

Beobachtet man das Verhalten der Wellensittiche in der Natur, weiß man, welche Ansprüche und Bedürfnisse die Vögel auch als Heimtiere haben.

Niemals allein Wellensittiche lieben die Gemeinschaft und unternehmen alles mit ihren Artgenossen. In Schwärmen brechen die Wellensittiche nach dem morgendlichen Putzen laut rufend zu ihren Nahrungsgründen auf. Die Größe des Schwarms ist unterschiedlich. Bisweilen findet man kleine Gruppen mit zehn Vögeln, dann wiederum größere Schwärme mit bis zu hundert Vögeln und schließlich auch sehr große Ansammlungen mit Tausenden von Wellensittichen. Die Synchronflüge dieser Riesenschwärme sind überwältigend. So große Ansammlungen sind jedoch nicht ungefährlich. Wellensittiche fliegen zum Trinken in Tümpel und arbeiten sich mit schnellen Flügelschlägen anschließend wieder aus dem Wasser heraus. In großen Schwärmen landen auf den trinkenden Wellensittichen oft die nachfolgenden Tiere. So mancher Vogel ertrinkt leider dabei.

Mittagsruhe muss sein: Zur heißesten Zeit rasten Sittiche in Bäumen. Ihr Federkleid und die tropfenförmige Gestalt sind eine erstklassige Tarnung.

Außerhalb der Brutsaison entwickelt sich im Schwarm keine soziale Struktur, deshalb kann sich die Schwarmgröße ständig ändern. Ein Trupp von Wellensittichen verlässt den Schwarm, andere stoßen neu hinzu. Innerhalb eines Schwarms finden sich oft kleine Untergruppen – beispielsweise ausgeflogene Jungvögel – zusammen. Während der Brutzeit ziehen häufig Gruppen mit männlichen Sittichen auf der Suche nach Nahrung gemeinsam umher, um Weibchen und Junge zu versorgen.

Kurzstreckenflieger Obwohl Wellensittiche sehr gute Flieger sind, können sie keine weiten Distanzen überwinden. Hierzu reicht ihr körpereigenes Fettdepot nicht aus. Nach höchstens drei Stunden oder aber 100 km sind die Tiere erschöpft und können nicht mehr weiter. Sittiche machen deshalb kurze, aufeinander folgende Flüge bis zur nächsten Futterquelle, um Energie zu sparen.

Rast im Blätterwald Rasten Wellensittiche, so findet man sie häufig in Eukalyptusbäumen. Ihre Färbung und ihre tropfenförmige Gestalt lassen sie inmitten der Blätter fast verschwinden. Diese Tarnung und ihre schnellen Formationsflüge im Schwarm sind ein ausgezeichneter Schutz vor Feinden.

Schnelle Brüter

Vögel der Wüstenregionen sind häufig Nomaden, die zu jeder Jahreszeit nisten können. Die Unberechenbarkeit des Regens in trockenen Gebieten hat

Wellensittiche suchen und brauchen den Kontakt zu Artgenossen, mit denen sie fressen, spielen und toben können. Die Sicherheit im Schwarm schützt vor Feinden, gibt den Vögeln Geborgenheit und steigert ihr Wohlbefinden. Daher gilt: Immer mindestens zwei Wellensittiche halten!

zu Entwicklung eines Fortpflanzungsapparates geführt, der äußerst schnell aktiv werden kann. Wellensittiche können deshalb mit der Brut beginnen, sobald der erste Tropfen Regen fällt und das Futterangebot besser wird. Die kleinen Sittiche brüten gern dicht beieinander, und so kann es vorkommen, dass mehrere besetzte Nisthöhlen in einem einzigen Ast zu finden sind. Um im Freiland erfolgreich Jungvögel aufziehen zu können, müssen die Wellensittiche jedoch mindestens für drei Monate Nahrung im Überfluss vorfinden, denn die Jungvögel schlüpfen nacheinander und fliegen über einen sehr langen Zeitraum aus. Da die Umweltbedingungen sehr hart wird, wird nicht einmal die Hälfte der Jungvögel flügge. Um diesen Verlust auszugleichen, sind männliche Wellensittiche bereits 60 Tage nach dem Ausfliegen fortpflanzungsfähig. Der Wellensittich ist also ein Überlebenskünstler mit Charme, geschlüpft, um Hitze, Trockenheit und Hunger zu trotzen!

Wellensittiche im Porträt

Es muss nicht immer hellgrün oder hellblau sein – obwohl Wellensittiche in diesen Farben wirklich eine gute Figur machen. Genauso reizvoll sind auch andere Farbschläge wie Grau, Mauve oder die Schecken.

MAUVE Die Bezeichnung »Mauve« ist französisch und bedeutet »malvenfarbig« – ein seltener Farbschlag, der oft mit Violett verwechselt wird (Bild: junges Männchen).

HELLGRÜN Dieser Farbschlag kommt der ursprünglichen Färbung des Wellensittichs besonders nah. Kreuzt man hellgrüne mit anderen Farbschlägen, sind die Jungvögel mehrheitlich grün gefärbt (Bild: junges Männchen).

HELLFLÜGEL HELLBLAU OPALIN Bei Wellensittichen dieses Farbschlags verlangt der Standard möglichst helle bis weiße Flügel und einen möglichst intensiv blauen Körper. Meist sieht man auf den Flügeln eine »Geisterzeichnung« (Bild: Weibchen).

AUSTRALISCHE SCHECKE VIOLETT Erst in den 50er-Jahren traten diese Mutationsformen bei australischen Züchtern auf. Die Färbung beruht auf einem unregelmäßigen Ausfall des Farbstoffs Melanin (Bild: Männchen).

HELLFLÜGEL HELLGRÜN OPALIN Manche Farbschläge wie dieser sind an das Geschlecht gebunden. Er hieß früher auch »Braunflügel« (Bild: Weibchen).

GELBGESICHT OPALIN DUNKELBLAU Diese Sittiche besitzen oft leuchtende Farben und sind meist etwas kleiner als ihre Artgenossen. Die Wellenzeichnung am Hinterkopf ist oft unterbrochen (Bild: Männchen).

GRAU Die Grau-Färbung entsteht durch stark pigmentierte Federn, die den größten Teil des Lichts schlucken und Blau nicht reflektieren können (Bild: Männchen).

AUSTRALISCHE SCHECKE GELBGESICHT HELLBLAU Schwingen, Flügel und Schwanz sind bei dieser Variante sehr hell. Australische Schecken gibt es aber noch in vielen anderen Farben und Farbkombinationen (Bild: Männchen).

Allein oder zu zweit? Männchen oder Weibchen?

Im Freiland bietet der Schwarm dem Wellensittich Sicherheit, bei Ihnen zu Hause liegt die Verantwortung bei Ihnen. Weil Sie aber nicht immer bei Ihrem Vogel sein können, sollten Sie mindestens zwei Vögel halten, denn mit einem Gefährten an der Seite fühlen sich die kleinen Australier geborgen. Außerdem haben die Wellensittiche dann auch einen Spielgefährten, wenn Sie einmal sehr wenig Zeit für Ihre Heimvögel haben. Ob Sie sich dabei für ein Paar oder zwei Männchen oder Weibchen entscheiden, bleibt Ihnen überlassen. Optimal ist die Haltung in einer kleinen Gruppe. Achten Sie bei der Zusammenstellung des Schwarms auf ein ausgeglichenes Geschlechterverhältnis. Weibchen erkennen Sie an der braunen, Männchen an der blauen Wachshaut. Da Weibchen aggressiv reagieren können, wenn sie in der Überzahl gehalten werden, empfiehlt sich ein Verhältnis 2:1 Männchen zu Weibchen. In jedem Fall ist Wellensittichkauf eine Sympathiefrage. Entscheiden Sie sich daher für die Vögel, deren Charakter Ihnen zusagt. Männliche Wellen-sittiche sind ein wenig gesprächiger als weibliche, neigen aber dazu, sich im Alter zu wenig zu bewegen. Weibliche Wellensittiche haben einen stark entwickelten Nagetrieb und sollten viel weiches Holz zur Verfügung haben. Ganz werden die Nagespuren an Tapeten und Möbeln, die sie in der Freiflug-Zeit hinterlassen, aber nicht ausbleiben.

Wellensittiche und Kinder

Wellensittiche sind ideale Heimtiere für Kinder: Sie lernen durch die Vögel Verantwortung und Fürsorge für ein anderes fühlendes Wesen zu übernehmen. Als Überraschungsgeschenke sind die kleinen Papageien jedoch denkbar ungeeignet, vielmehr sollte die Entscheidung für Wellensittiche immer vom Kind getroffen werden. Natürlich tragen die Eltern aber letztlich die Hauptverantwortung für die Vögel. Ihre ersten Wellensittiche dürfen Kinder mit acht bis zehn Jahren halten. Machen Sie Ihren Kindern als Erstes deutlich, dass Wellensittiche Beutetiere

Auch wenn die Sittiche den Kindern gehören: Die Verantwortung und Fürsorge für die kleinen Australier liegt immer bei den Eltern.

1 **NUR HUNDE,** die das Kommando »Aus!« befolgen, dürfen sich unter Aufsicht den Vögeln nähern. Bellen und Toben sind Tabu: Es ängstigt die Sittiche.

2 **FÜR KATZEN** sind Vögel Beute – aus der Freundschaft wird nichts werden. Katzenbisse und -kratzer sind für Wellensittiche lebensgefährlich und müssen vom Tierarzt versorgt werden.

3 **KANINCHEN UND MEERSCHWEINCHEN** verstehen sich gut mit Sittichen. Ein wachsames Auge auf die gemischte Truppe ist trotzdem nötig.

sind. Sie haben deshalb vor allem Angst, was größer ist als sie selbst, sich bewegt oder von oben kommt. Aus diesem Grund muss man sehr rücksichtsvoll mit ihnen umgehen. Die ersten Wochen im neuen Heim entscheiden darüber, ob ein stabiles Vertrauensverhältnis zwischen dem Kind und den Vögeln entstehen wird (→ Seite 26).
Mit einem einfachen Trick lernen Kinder rasch, die »Reviergrenze« der Wellensittiche zu respektieren: Ein auf den Boden geklebtes farbiges Kreppband markiert die Zone, ab der die Vögel nervös reagieren: Hier beginnt die Privatsphäre der Wellensittiche. Innerhalb dieser Zone sollte sich Ihr Kind langsam bewegen und freundlich mit den Sittichen sprechen. Pflegen Sie anfangs die Vögel unbedingt gemeinsam mit dem Kind. Später darf das Kind dann die Vögel allein versorgen, Sie sollten aber stets kontrollieren, ob die Bedürfnisse der Sittiche befriedigt wurden. Übrigens: Kinderzimmer sind kein guter Platz für den Käfig der Wellensittiche, da Kinder häufig außer Haus sind und die Vögel zu viel allein wären. Ideal ist dagegen der Wohn- und Essbereich mit Familienanschluss.

Wellensittiche und andere Heimtiere

Als Beutetiere stehen Wellensittiche im Freiland unter dem ständigen Druck, einem Fressfeind zum Opfer zu fallen. Nicht alle Heimtiere sind deshalb geeignete Wohngefährten.
Hund und Katze zählen zu den natürlichen Feinden von Vögeln. Der schnelle Flug löst den Jagdtrieb aus, und es kann zu bösen Unfällen kommen. Deshalb sollte man Wellensittiche nie mit Hunden oder Katzen allein im Zimmer lassen, auch nicht, wenn die Käfigtüren der Wellensittiche geschlossen sind. Hunde können sich an dem Käfig aufstellen, diesen anbellen oder sogar umwerfen. Katzen springen auf den Käfig und versuchen, durch die Gitterstäbe nach den Wellensittichen zu greifen.
Meerschweinchen und Zwergkaninchen harmonieren gut mit Wellensittichen. Allerdings müssen Sie darauf achten, dass die Vögel nicht mit dem Futter der anderen Tiere in Kontakt kommen, da die Bakterien in deren Speichel schädlich für sie sind.
Ratten und Mäuse sollten keinen Kontakt zu Wellensittichen haben, hier kann es zu üblen Bissverletzungen durch die Nager kommen.

Goldene Regeln für den Kauf

Sie haben sich für den Kauf eines Wellensittichs entschieden, nun beginnt die Suche nach geeigneten Tieren. Nehmen Sie sich Zeit dafür und achten Sie darauf, dass die Vögel aus guten Händen kommen.

Zoofachgeschäft Gute Zoofachgeschäfte erkennen Sie daran, dass sich die Mitarbeiter viel Zeit für den zukünftigen Halter nehmen und ihn ausführlich informieren. Die Käfige und Futternäpfe der Wellensittiche sind sauber, und den Vögeln stehen verschiedene Spielzeuge zur Verfügung. Wellensittiche, die in kleinen Kistenkäfigen gesessen haben, besitzen meistens eine unterentwickelte Flugmuskulatur und sind anfällig für Krankheiten. Kaufen Sie daher am besten in Zoogeschäften, in denen die Wellensittiche in Flugvolieren sitzen. Diese Vögel besitzen eine gute Kondition.

Wellensittichzüchter Wellensittiche werden oft aus Liebhaberei gezüchtet. Wenn Sie bei einen verantwortungsvollen Züchter ein Tier kaufen, haben Sie den Vorteil, dass er Ihnen sehr viel über die Eigenschaften und Charaktere Ihrer zukünftigen Pfleglinge berichten kann. Noch ein Pluspunkt: Häufig nehmen Züchter die Wellensittiche während der Urlaubszeit in Pflege.

Tierheim Ebenfalls eine gute Adresse ist das Tierheim, wenn man »verwaisten« Wellensittichen ein gutes Zuhause geben möchte. Die Auswahl ist hier sicherlich nicht groß, doch bei den Abgabevögeln handelt es sich meist um Sittiche mit einer traurigen Lebensgeschichte. Sie verdienen die Fürsorge eines besonders liebevollen Halters.

Annoncen Vielfach findet man in Zeitungen und Anzeigenmärkten Annoncen, in denen Wellensittiche angeboten werden. Kontrollieren Sie bei solchen Vögeln den Gesundheitszustand besonders genau und lassen Sie sich die Vorgeschichte der Vögel ausführlich schildern.

Alle Wellensittiche sollten direkt nach dem Kauf einem Fachtierarzt für Exoten oder einem Kleintier-

Noch in Mamas Obhut: Erst wenn die Küken selbstständig fressen, dürfen sie zu ihrem neuen Besitzer.

arzt vorgestellt werden, um ihren Gesundheitszustand festzustellen. So lernen Sie auch gleich einen fähigen Tierarzt für die Zukunft kennen.

Teenie-Sittiche oder Senioren-Vögel?

Wellensittiche gibt es in allen Altersstufen zu kaufen. Bei jeder gilt es, Verschiedenes zu beachten.
Junge Wellensittiche kann man bereits im Alter von sechs bis sieben Wochen kaufen. Ihre großen, schwarzen Knopfaugen, die bis zur Wachshaut reichende Wellenzeichnung und ihr dunkler Schnabel machen diese gefiederten Kobolde einfach unwiderstehlich. In diesem Alter gewöhnen sich die Jungvögel leicht an eine neue Umgebung, und es fällt ihnen nicht schwer, Vertrauen zum neuen Halter aufzubauen. Achten Sie aber darauf, dass die Jungvögel selbständig fressen können. Sind sie noch nicht »futterfest«, hungern sie in den ersten Tagen. Hunger ist sicherlich keine gute Basis für ein freundschaftliches Verhältnis zwischen Sittich und Halter. Kinder sollten generell junge Wellensittiche bekommen. Ältere Vögel überfordern sie, weil diese durch den Wechsel zu einem neuen Halter unsicher sind.
Ältere Sittiche benötigen in der Regel mehr Zeit, um Vertrauen aufzubauen als Jungvögel. Die Wellensittiche haben vielleicht unangenehme Erfahrungen in der Vergangenheit gemacht oder lebten länger in einer Voliere ohne Kontakt zu Menschen und brauchen jetzt sehr viel Zeit, um sich an die neue Umgebung zu gewöhnen. Mit Geduld, Humor und viel Liebe werden aus diesen Sittichen jedoch fröhliche Familienmitglieder.
Vernachlässigte und kranke Wellensittiche sollten nur von erfahrenen Haltern gekauft werden. Sie haben besondere Bedürfnisse, benötigen permanente tierärztliche Versorgung und werden sich vielleicht nie mehr einem Menschen anschließen.

Fit vom **Schnabel** bis zum **Schwanz**

TIPPS VON DER WELLENSITTICH-EXPERTIN
Hildegard Niemann

AUGEN Glänzend, sauber, bei Jungtieren schwarz, bei älteren Tieren mit einem gelben Ring.

GEFIEDER Sauber, glänzend und dicht, Schwanz- oder Schwungfedern dürfen nicht fehlen.

SCHNABEL Glatt und wohlgeformt.

WACHSHAUT Sauber, ohne Anzeichen von Ausfluss, Eiter oder Borken.

FÜSSE Sauber und glatt mit gesunder Hornhaut, zwei Zehen zeigen nach vorn, zwei nach hinten, kurze Krallen, die den Ast sicher umgreifen.

KLOAKE Rund um die Kloake sauberes Gefieder, weder Kotreste noch Rötung.

KOTBÄLLCHEN Mit deutlich abgegrenztem weißen Urat-Anteil, grünem Kot und wässrigem Urin.

VERHALTEN Die Vögel sollten sicher fliegen, schnell und zielstrebig laufen und Interesse an ihrer Umwelt zeigen. Ein aufgeplusterter Vogel, der breitbeinig auf der Stange sitzt und teilnahmslos ist, ist krank und muss sofort zum Tierarzt.

Anatomie und Sinne

Gefieder

Wellensittiche sind Hochleistungsflieger und Luftakrobaten. Ihr Gefieder und ihr im Vergleich zum Körper sehr langer Schwanz ermöglichen schnelles Manövrieren im Raum. Das Gefieder schützt vor Kälte und zu hoher Sonneneinstrahlung. Trotdem macht es nur 5 bis 10 % des Körpergewichts der Vögel aus.

Flügel

Die Flügel der freilebenden Wellensittiche sind fast 10 cm lang. Sie sind das mit Abstand wichtigste Fortbewegungsmittel der Vögel, deshalb widmen Wellensittiche der Flügelpflege sehr viel Aufmerksamkeit. Funktionierende Flügel sind für die Vögel wie eine Lebensversicherung: Nur bei guter Flugfähigkeit können sie Fressfeinden entkommen. Und nicht zuletzt spielen die Flügel auch bei der Körpersprache der Wellensittiche eine besonders wichtige Rolle.

Schwanz

Der Schwanz ist das Steuer für Wellensittiche. Er besteht aus 12 Federn – zwei inneren Steuerfedern und den 10 äußeren Steuerfedern. Insgesamt macht er fast die Hälfte der Länge des Wellensittichkörpers aus.

Krallen

Wellensittiche haben zwei nach vorn und zwei nach hinten gerichtete Zehen mit Krallen. Die Färbung der Beine und Füße kann unterschiedlich sein. Vögel aus Volierenhaltung haben meist etwas dunkler gefärbte Beine als Wellensittiche, die in reiner Innenhaltung leben.

Augen

Die Augen junger Wellensittiche sind schwarz und bilden erst in der Pubertät einen weißlich-gelben Augenring. Anders als bei uns sitzen die Augen der Wellensittiche seitlich am Kopf, so dass die Vögel fast eine Rundumsicht haben.

Schnabel

Der Schnabel ist ein wichtiges Tastorgan und Werkzeug für unsere Wellensittiche. Mit ihm öffnen sie die Samen und erfühlen ihre Umgebung. Auch als Kletterhilfe und zur Gefiederpflege ist der Schnabel unverzichtbar. Da er permanent wächst, brauchen Wellensittiche viele frische Zweige zum Nagen, um den Schnabel regelmäßig abnutzen zu können.

Ein perfektes Vogelheim

Gibt man ihnen, was sie brauchen, sind Wellensittiche ziemlich unkomplizierte Zeitgenossen. Ein sicherer Käfig, Platz zum Freiflug, spannendes Spielzeug, bequeme Sitzäste und gesundes Futter – das sind die Voraussetzungen für das Vogelglück!

Das brauchen Wellensittiche

Wellensittiche sind Charaktervögel, und kein Sittich ist wie der andere. Dennoch haben alle die gleichen Grundbedürfnisse. Als Wüstenvögel sind sie nicht sehr anspruchsvoll und freuen sich schon über kleine Aufmerksamkeiten. Trotzdem sollte für Ihre Pfleglinge das Beste gerade gut genug sein.

› Wählen Sie einen für Wellensittiche geeigneten Käfig. Viele Wellensittiche weigern sich zum Beispiel, in den Käfig zu gehen, weil das Gitter des Käfigs sie blendet oder weil Spielzeug fehlt und es im Käfig für die Tiere sehr langweilig ist (→ Seite 20).

› Spielzeuge und Freisitze können Sie mit etwas Geschick selbst basteln. Wichtig ist, dass die Sicherheit immer im Vordergrund steht. Billiges Spielzeug oder gebrauchte Käfige sind für Ihre Sittiche tabu.

› Gestalten Sie den Freisitz nach den Bedürfnissen der Sittiche. Benutzt ein Wellensittich seinen Freisitz nicht, so kann dies an der Aufhängung im Raum liegen oder aber daran, dass die Sitzastdicke dem Vogel unangenehm ist. Achten Sie darauf, dass im Käfig und am Freisitz unterschiedlich dicke Sitzäste zur Verfügung stehen.

› Gesunde Ernährung sorgt dafür, dass Ihre Sittiche vor Energie strotzen und Purzelbäume schlagen, wenn sie laut rufend durch das Zimmer fliegen. Fehlernährte Wellensittiche können dagegen nur kurze Strecken fliegen und sitzen die meiste Zeit des Tages träge auf einem Ast.

› Gesunde und muntere Wellensittiche müssen beim Freiflug alles untersuchen, sie kriechen in jedes Loch und spielen gern mit ihrem Halter. Wenn es dann zur Pause in den richtigen Käfig geht, die Vögel dort eine gesunde Mahlzeit finden und anschließend noch ein Nickerchen auf ihrem Lieblingssitzast machen können, geht es Ihren Wellensittichen richtig gut.

Basics für die Wohlfühlausstattung

Wellensittiche brauchen einen großen Käfig oder eine Zimmervoliere. Wir können unseren Vögeln nämlich nicht unbeaufsichtigt Freiflug geben, wenn wir nicht daheim sind: Die Verletzungsgefahr für diese Energiebündel ist viel zu groß. Ein großer, mit reichlich Spielzeug und Klettermöglichkeiten ausgestatteter Käfig ist das ideale Spielzimmer für Ihre Wellensittiche, in dem sie sicher und geborgen sind, wenn Sie aus dem Haus gehen. Ein solcher Käfig ist für Ihre Wellensittiche wie ein Abenteuerspielplatz, auf dem es jeden Tag etwas Neues zu entdecken gibt. Zugleich ist er auch eine herrliche Ruheoase nach dem Freiflug. Ein Ersatz für den täglichen Freiflug ist der Käfig allerdings nicht.

Besonders für Wellensittich-Senioren und Sittiche mit Gelenkproblemen sind Kletterstangen und Leitern eine wertvolle Hilfe. So können sie von einem Ort zum anderen kommen, ohne fliegen zu müssen. Auch Sitzseile sind bei Wellensittichen beliebt. Sie lassen sich in alle Richtungen biegen und bieten so eine herrliche Klettervariante.

1 Käfig

Der Käfig sollte aus dunklem, beschichteten Metall bestehen, damit das Gitter nicht blendet. Die Stäbe sollten an zwei Seiten quer angeordnet sein und an zwei Seiten längs mit zwei bis drei Querstreben, so dass die Sittiche etwas flattern müssen, um sich nach oben zu arbeiten. Eine große Tür und ein integrierter Freisitz machen den Käfig beim Freiflug zum einladenden Spielplatz. Für ein Pärchen sollte der Käfig etwa 85 × 50 × 160 cm groß sein, für eine Gruppe von vier bis sechs Vögeln 170 × 50 × 160 cm. Wichtig ist, das der Käfig eher lang als hoch ist.

2 Vogelsand

Die Suche nach Nahrung am Boden ist ein natürliches Bedürfnis der Wellensittiche. Um diesen Instinkt zu befriedigen, stellen Sie Ihren Wellensittichen eine Schale mit Vogelsand zur Verfügung, in den Futter gemischt wurde. Auf dem Käfigboden ist Vogelsand wichtig für die Hygiene: Er bindet die Flüssigkeit im Kot. Damit die Sittiche nicht in ihrem eigenen Kot nach Futter suchen, muss der Sand täglich gereinigt und häufig gewechselt werden.

3 Spielzeug

Wellensittiche brauchen viel Beschäftigung. Spielzeug und Schaukeln, Spiralen und Triangeln dürfen deshalb in keinem Käfig fehlen. Achten Sie darauf, dass sie richtig installiert sind: Befestigen Sie Spiralen und Schaukeln am höchsten Punkt im Käfig und bringen Sie Spielzeuge neben den Sitzästen so an, dass die Sittiche dort gut spielen können.

4 Futternäpfe

Ideal sind Futternäpfe aus Edelstahl. Plastiknäpfe werden im Lauf der Zeit rissig, und es können sich Bakterien in den Ritzen festsetzen. Kaufen Sie sich zwei Sätze Näpfe, damit Sie bei Zeitmangel schnell und sauber ohne Probleme füttern können.

5 Schnabelwetzstein

Der Kalkstein dient der Versorgung mit Kalk und als Wetzstein für den Schnabel. Er darf in der Wellensittichhaltung nicht fehlen. Besonders erwachsene Weibchen sind auf die zusätzliche Kalziumgabe angewiesen. Bringen Sie den Stein neben einem Sitzast an, damit ihn die Sittiche leicht erreichen können.

1

2

3

4

5

Hier fühlen sich Wellensittiche wohl

Beim Wellensittich-Käfig kommt es nicht nur auf die Ausstattung an, auch der Standort entscheidet, ob sich die Vögel wirklich sicher und geborgen fühlen.

› Am besten steht der Käfig in einer Zimmerecke gegenüber der zuführenden Tür, niemals jedoch vor einem Fenster oder neben einer Tür. Das Wohn- oder Esszimmer ist als Standort mit Familienanschluss für den Käfig optimal geeignet.

› Direkte Sonneneinstrahlung ist Wellensittichen eher unangenehm. Achten Sie bei sehr hellen Zimmern darauf, dass sich die Vögel jederzeit in den Schatten zurückziehen können.

So lässt es sich gut sitzen: Stangen aus Naturästen massieren die empfindlichen Fußsohlen, und die Krallen können sich abnutzen.

Freisitze für den kleinen Ausflug

Jeder Wellensittich braucht mindestens einen Freisitz, egal ob hängend oder stehend. Er dient als Landegelegenheit und sollte reichlich Beschäftigungsmöglichkeiten bieten. Auf diesen Freisitzen können Sie Ihren Pfleglingen Obst und Gemüse anbieten und einen Kletterparcours bauen. Spiralen und Kokosnussschalen oder Körbchen aus unbehandelter Weide lassen sich prima unter die Decke montieren und dienen als Futterversteck und Spielplatz. Hängende Freisitze dürfen Sie nie in der Nähe von Türen anbringen, die Verletzungsgefahr ist zu groß. Achten Sie darauf, dass der Boden unter den Freisitzen leicht zu reinigen ist – Ihre Sittiche werden öfter nach Fressbarem suchen und Kotbällchen hinterlassen.

Perfekte Sitzgelegenheiten

Den größten Teil des Tages verbringen die Sittiche auf Sitzästen – sorgen Sie deshalb für optimale Qualität. Sitzäste müssen von Weiden, Hasel oder ungespritzten Obstbäumen stammen und unterschiedlich dick sein. Hölzerne Industrie- oder Plastikstangen schaden den Füßen Ihrer Wellensittiche und können zu schmerzhaften Druckgeschwüren führen, weil die Vögel mit immer der gleichen Fußhaltung darauf sitzen. Ideal sind ein bis zwei Naturäste, ein Kletterseil sowie eine im unteren Drittel des Käfigs angebrachte Sandstange, an der die Vögel beim Darüberlaufen die Krallen abwetzen.

Seilkünstler: Sitzseile fordern zum Klettern und Schaukeln auf. Damit die Krallen sich nicht verfangen, täglich Fasern und Fäden abschneiden.

Doppelter Genuss: Schaukeln, Schwingen und Hangeln macht allen Wellensittichen Spaß. Wenn dann noch ein Leckerbissen wie Petersilie im Spiel ist – umso besser!

Abwechslung muss sein

Jetzt ist es wissenschaftlich erwiesen: Studien der Universität von Kalifornien haben gezeigt, dass Heimvögel zufriedener sind und zu weniger Verhaltensauffälligkeiten neigen, wenn ihnen regelmäßig viel und neues Spielzeug angeboten wird. Mittlerweile empfiehlt man für kleine Papageien, zu denen auch Wellensittiche gehören, bis zu fünf Spielzeuge im Käfig (→ Seite 42). Stellen wir uns zwei Sittiche mit fünf Spielzeugen und den Sitzgelegenheiten in einem Käfig vor, muss dieser entsprechend groß sein. Damit sich keine Langeweile breitmacht, sollten Sie einmal wöchentlich ein Spielzeug austauschen, das sorgt für Abwechslung und Spannung. Lediglich Lieblingsspielzeuge dürfen immer im Käfig bleiben. Denken Sie daran, die Spielzeuge täglich auf ihre Sicherheit zu überprüfen. Bei Jungvögeln, die noch ängstlich sind, warten Sie mit dem Wechsel der Spielzeuge, bis das Vertrauen zwischen den Vögeln und Ihnen gewachsen ist. Erst wenn die Jungvögel keine Scheu mehr vor Ihren Händen haben, dürfen Sie im Käfig arbeiten, wenn die Wellensittiche darin sind.

Mein Tipp Bieten Sie ruhigen und ängstlichen Tieren Spielzeuge an, hinter denen sie sich verstecken können. Wellensittiche möchten sich zurückziehen, wenn der Trubel des Familienlebens sie überfordert. Auch ein Handtuch, über eine Hälfte des Käfigs gelegt, hilft diesen Vögeln, sich leichter an einen lebhaften Haushalt zu gewöhnen.

Stress von Anfang an **vermeiden**

Wirkt ein Vogel gestresst oder wird er vom anderen Sittich ständig von seinem Sitzplatz oder der Futterstelle verjagt, kann dies an der Käfigeinrichtung liegen. Vielleicht sind die Stangen zu weit unten, hängen die Schaukeln zu weit oben oder können sich die Vögel in Spielzeug verfangen. Finden Sie keine Ursache, die sich beseitigen lässt, lassen Sie sich vom Verhaltenstherapeuten beraten.

Willkommen zu Hause

Der große Tag ist gekommen, Sie bringen Ihren Wellensittich heim. Sorgen Sie für einen sanften Transport, damit der Start ins gemeinsame Leben gelingt. Wellensittiche werden oft in geschlossenen Pappschachteln mit Luftschlitzen »verpackt«. Für den Vogel viel angenehmer ist die Reise jedoch in einer kleinen Transportkiste aus Plastik. Diese Kisten haben eine aufklappbare Tür und sind später gut für den Weg zum jährlichen Check-Up beim Tierarzt geeignet. Achten Sie beim Transport darauf, dass die Kiste im Auto nicht in der Sonne steht. Das Armaturenbrett ist kein geeigneter Platz, nehmen Sie die Kiste besser auf den Schoß.

Daheim sollten Sie den Käfig und das Futter für den Vogel bereits vorbereitet haben, so dass der Wellensittich direkt in seinen Käfig einziehen kann. Öffnen Sie die Transportkiste und stellen Sie sie unten in den Käfig. Ihr Sittich wird bald herauskommen und zunächst ängstlich im Käfig umherflattern. Treten Sie ein paar Schritte zurück, damit sich der Vogel möglichst schnell beruhigt.

In den ersten Stunden wird der Sittich verschreckt und nervös sein. Dies ist eine normale Reaktion auf den Transport. Nach einer Weile wird er beginnen, sein Gefieder zu ordnen und vielleicht ein wenig zu fressen. Ein erster Klettergang durch den Käfig hilft ihm bei der Orientierung im Raum. Nun beginnt der Vogel, seine neue Umwelt zu erkunden. Auch wenn es Ihnen und Ihrer Familie schwer fällt: Gönnen Sie dem Wellensittich am ersten Tag etwas Ruhe. Beobachten Sie, ob er ausreichend trinkt und Interesse an seiner Umwelt zeigt. Ein teilnahmslos auf dem Boden sitzender Sittich muss sofort zum Tierarzt! Durch den Umzugsstress kann ein Infekt ausgebrochen sein. Besuche von Freunden sollten für einige Tage unterbleiben, bis sich der Sittich eingelebt hat. Warten Sie mit der Anschaffung eines zweiten Sittichs, bis sich der erste eingewöhnt hat und in die Familie integriert ist. Das geschieht schneller, wenn der Vogel sich noch nicht mit einem Partner beschäftigen kann. Sobald der erste mit Ihnen vertraut ist, sollten Sie einen zweiten Vogel kaufen. Isolieren Sie den Zweitvogel für mindestens zwei (besser vier) Wochen von Ihrem ersten. Diese Quarantäne schützt den ersten Vogel vor Krankheiten und gibt Ihnen die Möglichkeit, zum zweiten Sittich eine Beziehung aufzubauen. Ist sicher, dass der zweite Vogel fit ist, dürfen Sie die beiden zusammensetzen.

Die ersten Wochen daheim

Wellensittiche lieben Routine, sie gibt ihnen Sicherheit. Füttern Sie die Vögel deshalb täglich zur gleichen Zeit und gehen Sie mit ihnen sehr behutsam um.

Die Angst nehmen Wenn Sie Arbeiten am Käfig verrichten, so wenden Sie den Kopf leicht zur Seite.

Wenn der **Käfig** zur **Fluchtburg** wird

Zwingen Sie einen Wellensittich nie, aus dem Käfig zu kommen. Sittiche, die den Käfig nicht verlassen, leiden am »Cage-Bonding-Syndrom«. Der Vogel hat schlechte Erfahrungen gemacht und ist stark verunsichert. Seien Sie sehr geduldig und bieten Sie ihm Hilfe an: Legen Sie Futter auf den Ast neben der Käfigtür, drehen Sie den Kopf zur Seite – so zeigen Sie dem Vogel, dass sie ihm nichts tun.

Wir Menschen haben ein Raubtiergesicht, unsere Augen sind direkt nach vorn gerichtet, unsere Nase ist sehr groß, und wir haben aus der Sicht eines Wellensittichs riesige Hände. Drehen wir den Kopf zur Seite, so verschwindet dieses Schema, und unsere Vögel können sich entspannen. Summen Sie leise oder sprechen Sie freundlich mit Ihren Sittichen, damit sie sich an Ihre Stimme gewöhnen.
Kinder sollten zu Beginn unter Aufsicht der Eltern mit ihren Sittichen spielen, denn schnelle Bewegungen und lautes Toben verunsichern die Wellensittiche und erschweren die Eingewöhnung.
Erholung muss sein Sorgen Sie dafür, dass die Wellensittiche genug Schlaf bekommen. Erschrecken sich die Vögel im Dunkeln, kann es zu Verletzungen kommen, wenn sie im Käfig umherflattern und die Kletterstangen nicht sehen. Ein Nachtlicht schafft in diesem Fall Abhilfe.

Gewöhnung an andere Heimtiere

Besitzen Sie noch andere Heimtiere, sollten Sie Ihre Wellensittiche mit viel Geduld an diese gewöhnen.
Andere Vögel Sittiche schließen sich in einem Schwarm meist problemlos anderen Sitticharten an.
Hund und Katze Hund und Katze machen Wellensittichen Angst. Sprechen Sie beruhigend mit den Vögeln, wenn Hund oder Katze im Zimmer sind und machen Sie letzteren klar, dass Wellensittiche keine Beute sind. Lehren Sie Ihrem Hund das Kommando »Aus«, damit dieser einen Vogel sofort fallen lässt, falls es doch einmal zu einem Unfall beim Freiflug kommt. Kratzer von Katzen müssen unbedingt vom Tierarzt versorgt werden.

Der erste Freiflug

Der erste Freiflug ist sowohl für den Wellensittich als auch für den Halter ein Abenteuer (→ Seite 38). Vergewissern Sie sich zunächst, dass alle Fenster und Türen geschlossen sind und informieren Sie alle Familienmitglieder. Zu Beginn werden Ihre Wellensittiche etwas ängstlich sein und sich vor allem auf sehr hohen Gegenständen niederlassen. Mit ein paar Tricks und Geduld werden Ihre Vögel jedoch nach und nach handzahm:

› Entspannen Sie sich und lesen Sie ein wenig, so dass sich die Wellensittiche in Ruhe mit ihrer neuen Umgebung vertraut machen können. Hin und wieder sollten Sie freundlich mit den Sittichen sprechen und sie kräftig loben. Ein kleines Stück Hirse

Immer obenauf: Wellensittiche sitzen gern am höchsten Punkt. Hier sind sie sicher und haben alles im Blick.

auf der Sofalehne neben Ihnen oder auf dem Tisch hilft meist, das Eis zu brechen. Ihre Wellensittiche werden feststellen, dass sie Ihnen vertrauen können.

› Sobald die Vögel entspannt neben Ihnen fressen, sprechen Sie freundlich mit Ihnen und legen Ihre Hand neben die Hirse. Achten Sie auf Ihre Körpersprache und halten Sie den Abstand ein, bei dem sich die Sittiche wohl fühlen. Machen Sie diese Fütterung zum Ritual und verringern Sie langsam den Abstand zwischen Hand und Hirse, bis die Sittiche ganz vertrauensvoll auf die Hand gehen, um ihren Leckerbissen zu bekommen.

› Anschließend beginnen Sie langsam, die Hand anzuheben. Im Lauf der Zeit wird es für die Sittiche normal sein, dass sich die Hand bewegt, und sie verlieren schließlich ihre Scheu.

1 VERTRAUEN SCHAFFEN Treten Sie langsam in einem Bogen an den Käfig und sprechen Sie dabei mit Ihrem Sittich. Zieht er sich zurück, bleiben Sie stehen und warten, bis er sich wieder entspannt. Akzeptiert der Vogel Ihre Nähe, locken Sie ihn mit Hirse. Während er frisst, loben Sie ihn. Wiederholen Sie die Übung mehrmals täglich, bis Ihr Wellensittich daran gewöhnt ist.

2 ANNÄHERUNG Sobald sich Ihr Wellensittich freut, wenn Sie zu ihm gehen, öffnen Sie die Tür – zuerst nur einen kleinen Spalt, damit er nicht erschrickt. Ist die Tür weit genug auf, reichen Sie die Hirse mit der einen Hand und bieten die andere als Sitzhilfe an. Ziehen Sie den Vogel mit der Hirse auf die Hand und loben Sie ihn kräftig. Mehrmals täglich üben – aber niemals mit Druck.

3 ERSTE SCHRITTE Akzeptiert der Wellensittich die Hand als Sitzgelegenheit, entfernen Sie sich langsam vom Käfig. Kommandos wie »Auf« und »Ab« zeigen dem Tier, wie es sich verhalten soll und erleichtern die Kommunikation. Leckerchen gibt es vor allem dann, wenn Ihr Sittich zu Ihnen kommt. Sprechen Sie viel und zeigen Sie dem Vogel, wie froh Sie sind, dass er Ihnen vertraut.

Futter für fitte Vögel

Die richtige Ernährung unserer Wellensittiche ist nicht ganz einfach, denn die Vögel gehören zu den Papageien, die zu Übergewicht und den damit verbundenen Gesundheitsproblemen neigen. Eine generelle Mengenempfehlung gibt es nicht. Der Energiebedarf Ihrer Sittiche richtet sich nach der Größe des Vogels, nach der Zeit, die Ihre Wellensittiche im Freiflug genießen und danach, ob sie zu zweit oder im Schwarm leben – das Leben im Schwarm kostet mehr Energie. Hinzu kommt, dass es sehr muntere Vögel gibt, aber auch Bewegungsmuffel, die lieber den ganzen Tag auf dem Ast hocken als durch die Gegend zu toben. Damit Ihre Sittiche nicht zu dick werden, sollten Sie den Ernährungszustand einmal jährlich von einem Fachtierarzt überprüfen lassen.

Der perfekte Körner-Mix

Die Grundnahrung aller Wellensittiche ist eine ausgewogene Körnermischung, zum Beispiel aus 45 Prozent Hirsearten (Bluthirse, Mannahirse), 25 Prozent Silberhirse und 25 Prozent Kanariensamen. Die restlichen fünf Prozent können aus Hafer bestehen, der gern auch gekeimt gegeben werden darf.
Vielfach werden Futtermischungen in offenen Behältern zum Selbermischen angeboten. Solche Behälter sind der ideale Nährboden für die Larven der Mehlmotte und andere Futterschädlinge. Wählen Sie daher besser Futter in fest verschweißten Plastikverpackungen und überprüfen Sie stets das Haltbarkeitsdatum. Lagern Sie das geöffnete Futter kühl, dunkel und trocken im Kühlschrank oder in der Vorratskammer. Verfüttern Sie nie muffig riechendes oder verschimmeltes Futter. Haben Sie Zweifel an der Qualität des Futters, machen Sie eine Keimprobe, indem Sie etwas Futter über zwei Tage in einem Keimautomat zum Keimen bringen. Keimt es nicht oder nur zu einem geringen Teil, werfen Sie es weg, es ist vermutlich verdorben.
Geben Sie das Körnerfutter stets frühmorgens und am späten Nachmittag – so imitieren Sie den natürlichen Tagesablauf Ihrer Sittiche im Freiland. Wollen Sie den Tag Ihrer Vögel etwas aufregender gestalten, können Sie die morgendliche Futterration auch in einer Sandschale ausstreuen. Die Vögel müssen sich die Körnchen dann suchen und herauspicken. Abends sollten sich die Wellensittiche aber für die Nacht am Futternapf satt essen dürfen.

Vitamine und mehr

Tagsüber geben Sie Ihren Sittichen reichlich Grünfutter, Gemüse und Obst, mit dem sie sich beschäftigen können. Auf Kräcker und andere energiereiche Leckerbissen sollten Sie verzichten, sie machen Ihre Sittiche dick und sollten nur als Ausnahme, zum Beispiel nach einer Krankheit, gegeben werden.

Die Guten ins **Kröpfchen** ...

WILDSAMENMISCHUNGEN enthalten sehr viele kleine Samen, die dem natürlichen Futter der Wellensittiche ähnlich sind. Diese Samen können Sie zusätzlich zum normalen Futter reichen, denn sie enthalten kaum Nährstoffe. Streuen Sie die Wildsamenmischung mit dem Körnerfutter in ein Schälchen mit sauberem Kies. So befriedigen Sie die natürlichen Futtersuch-Instinkte Ihrer Sittiche.

GESUNDE KOST Kräuter liefern reichlich Vitamine und Mineralien. Der Nebeneffekt: Sie bieten den Sittichen viele Beschäftigungsmöglichkeiten. Löwenzahn zum Beispiel ist reich an Vitamin A. Verfüttern Sie die Blätter, bevor die Pflanzen blühen, denn blühender Löwenzahn schmeckt bitter. Vogelmiere wächst nahezu überall, sammeln Sie sie aber nur von sauberen Standorten. Im Topf auf der Fensterbank gezogene Kräuter sind eine prima Vitaminquelle im Winter.

SÜSSE FRÜCHTE Bei Obst sind Wellensittiche mäkelig: Äpfel und Birnen lieben sie, weiches Obst wird meist verschmäht. Der Vitamin-C-Gehalt ist unerheblich, da sie das Vitamin selbst bilden. Bieten Sie Obst nur kurze Zeit an, da es schnell verdirbt, und geben Sie ganze Obststücke, dann müssen die Vögel nagen und sind beschäftigt. Eine Selbstverständlichkeit: Das Obst vor dem Füttern reinigen und auf gespritzte Ware verzichten.

GEMÜSE MUSS SEIN Bieten Sie täglich mindestens drei Sorten an. Harte Kohlrabi und Möhren bleiben den ganzen Tag im Käfig, weiche Gurke entfernt man nach einigen Stunden.

Kolbenhirse Sie ist das Lieblingsleckerchen für alle Wellensittiche. Setzen Sie sie vor allem zu Trainingszwecken ein. Ihre Wellensittiche sollten wissen, dass Sie die Person sind, von der sie ihre Lieblingsleckerei bekommen. Dies intensiviert das Vertrauen und festigt die Bindung.

Obst und Gemüse Beide sind eine wichtige Ergänzung für den Speiseplan Ihrer Wellensittiche. Beim Obst scheinen die gefiederten Temperamentsbündel vor allem harte Sorten zu bevorzugen. Apfel und Birne sind die Favoriten. Aber auch Gemüse schmeckt Wellensittichen besonders gut. Möhre ist ein wichtiger Vitamin-A-Lieferant und ein herrliches Spielzeug – spicken Sie Gurken und Zuchini mit Möhren-Stückchen. Oder wickeln Sie Möhren-Streifen (Sparschäler!) um die Käfiggitter. Auch Brokkoli und Blumenkohl lassen sich wunderbar zur Spielzeugherstellung benutzen, und statt eines Bällchens darf Ihr Sittich auch gern einmal ein Rosenköhlchen durch die Gegend rollen. Rote Bete ist ebenfalls sehr beliebt, hat aber den Nachteil, dass sie sehr stark färbt. Wundern Sie sich nicht, wenn anschließend das ganze Gesicht des Wellensittichs rot gefärbt ist – es hat ihm sichtlich geschmeckt. Der Kot der Vögel ist nach dem Genuss von Roter Bete häufig bräunlich eingefärbt, das ist kein Grund zur Sorge. Tomate und Paprika können bei empfindlichen Vögeln zu Kropfproblemen führen. Geben Sie diese Gemüse besser nicht.

Wildkräuter Unverzichtbar in der Wellensittichfütterung sind Wildkräuter. Sie sind kalorienarm und vitaminreich und eine wunderbare Beschäftigungsmöglichkeit für Ihre Wellensittiche. Neben Vogelmiere, Hirtentäschelkraut und Weidelgras eignen sich auch Vogelknöterich (besonders die Blüten), Wegerich, Hühnerhirse, Fingerhirse und Borstenhirse. Ein leider nur im Frühjahr verfügbarer Leckerbissen ist wilder Sauerampfer. Die Sittiche fressen besonders gern die Blüten und die frischen Samen.

Kräuter Ungespritzte Petersilie, Sauerampfer, Kresse und Basilikum sind in den Gemüseregalen das ganze Jahr verfügbar und eine wichtige Alternative, wenn es im Winter keine Wildkräuter gibt. Stellen Sie einen Kräutertopf in eine Fressnapfhalterung des Käfigs, bald werden Ihre Vögel im Grünen sitzen.

Tipp Waschen und putzen Sie Obst und Gemüse vor dem Füttern gründlich. Niemals dürfen Ihre Wellensittiche mit Insekten- oder Pflanzenschutzmitteln in Kontakt kommen, dies verkraftet ihr Immunsystem nicht. Haben Sie Zweifel, kaufen Sie die Frischkost für die Vögel besser im Bioladen.

1 Gemeinsam schmeckt es einfach besser! Genüsslich nehmen die Sittiche zuerst die Lieblingssaaten auf, später entspelzen sie die restlichen Körner.

2 Vertrauensmaßnahme und Sportgerät: Wer naschen will, muss etwas tun. Für Leckerbissen wie Hirse sollten die Wellensittiche »turnen« oder fliegen.

Fütterungsfehler vermeiden

TIPPS VON DER WELLENSITTICH-EXPERTIN
Hildegard Niemann

AVOCADO Sie darf nie, auch nicht in kleinen Mengen, verfüttert werden, sie ist für Wellensittiche giftig! Informieren Sie alle Personen, die die Wellensittiche pflegen, um Fehler zu vermeiden.

WILDKRÄUTER Bitte nie von Rändern viel befahrener Straßen oder Kreuzungen sammeln! Die Schadstoffbelastung in den Kräutern ist zu hoch.

KARDISAAT Vermeiden Sie Futtermischungen mit Kardisaat! Diese ist sehr fetthaltig. Zu viel Fett führt bei Sittichen zu Gefäß- und Herzproblemen.

HANF Hanf sollte in käuflichen Futtermischungen nicht enthalten sein. Wie viele Vögel, die brüten, wenn die Umweltbedingungen günstig sind, reagieren auch Wellensittiche auf Hanf mit einem ansteigenden Hormonspiegel. Die Weibchen suchen vermehrt nach Nisthöhlen und verteidigen diese gegen andere Schwarmmitglieder.

FALSCHE FÜTTERUNG Bisweilen kann falsche Fütterung bei den Weibchen zum Dauereierlegen führen, einem lebensbedrohenden Zustand. Das Weibchen wird entkräftet und schließlich kommt es zu einem Kalziummangel.

Wasser

Wasser ist für die Gesundheit Ihrer Wellensittiche elementar wichtig. Im Freiland bestimmt seine Verfügbarkeit sogar den Brutzyklus.

› Achten Sie darauf, dass Ihre Vögel immer sauberes Trinkwasser zur Verfügung haben. Wechseln Sie das Wasser mindestens zweimal täglich. Spezielles Trinkwasser aus dem Handel ist nicht nötig, da die Qualität unseres Leitungswassers sehr gut ist und einer permanenten Kontrolle unterliegt.

› Wasserspender mit einer hohen Röhre sind ungeeignet, denn sie lassen sich schlecht reinigen, und die kleinen Zwischenräumen sind ein idealer Unterschlupf für Bakterien. Wassernäpfe aus Edelstahl lassen sich dagegen schnell auswaschen oder in die Spülmaschine stellen.

› Vielfach liest man, dass Vitamin- und Mineralstoffzusätze ins Trinkwasser gegeben werden sollen. Dies ist unsinnig und schadet den Wellensittichen sogar, denn viele Sittiche weigern sich, dieses Wasser zu trinken. Dank ihres speziellen Stoffwechsels sind sie zwar in der Lage, auch lange Zeit ohne Trinkwasser auszukommen, solange andere Frischkost vorhanden ist. Gesund ist dies für Ihre Vögel jedoch in keinem Fall. Außerden zerfallen Vitamine im Trinkwasser unter Einwirkung von Licht schnell und verlieren ihre Wirkung. Mit diesen zusätzlichen Nährstoffen werden Bakterien herangezüchtet und setzen sich als schleimiger Belag am Boden des Napfes ab – ein idealer Nährboden für Infektionen!

› Geben Sie den Vögeln auch keine Medikamente über das Trinkwasser. Ihre Wirkung ist zweifelhaft, wenn nicht kontrolliert werden kann, wie viel der Wellensittich letztendlich wirklich davon aufnimmt. Verabreichen Sie Medikamente besser in anderer Form (→ Seite 56). Das ist hygienischer und sichert die Gesundheit Ihrer Heimvögel.

Vertrauen von Anfang an

In der ersten Zeit werden sich Ihre Wellensittiche unsicher fühlen und ängstlich sein. Wenn Sie einige wichtige Verhaltensregeln und auf Ihre Körpersprache achten, wird das Eis jedoch bald gebrochen sein.

Tut gut

- + Nähern Sie sich dem Käfig immer mit leicht abgewandtem Gesicht und sprechen Sie sehr viel mit den Vögeln, damit sie sich an Ihre Stimme gewöhnen.
- + Bereiten Sie alle Familienmitglieder auf die neuen Pfleglinge vor und legen Sie wichtige Regeln für das zukünftige Verhalten fest.
- + Erlauben Sie Freiflug nur unter Aufsicht. Die Verletzungsgefahr bei unbeaufsichtigtem Freiflug ist für Ihre Wellensittiche zu groß.
- + Legen Sie sich ein Adressverzeichnis mit der Notfallnummer des Tierarztes, einer Urlaubsvertretung und eines Verhaltenstherapeuten an, damit Sie im Notfall nicht wertvolle Zeit verlieren.

Besser nicht

- − Halten Sie einen Wellensittich nie allein. Ein einzelner Wellensittich langweilt sich und braucht permanente Betreuung durch den Halter.
- − In den ersten Tagen sollte auf Besuch und hektisches Treiben in der Nähe des Käfigs verzichtet werden, damit die Wellensittiche nicht verunsichert werden.
- − Lassen Sie niemals Hund oder Katze allein mit den Wellensittichen. Es kann zu bösen Unfällen kommen.
- − Fangen Sie Wellensittiche niemals mit den Händen, denn dies führt zu enormen Ängsten bei Ihren Vögeln. Hände sollen Vertrauen schenken.

Gutes Miteinander

Das Leben mit Wellensittichen bereitet viel Vergnügen – die Knirpse im Federkleid sind temperamentvoll und intelligent, neugierig und reaktionsschnell, sensibel und einfühlsam. Eins ist sicher: In ihrer Gesellschaft kommt keine Langeweile auf.

Action, Spiel und Spannung

Wellensittiche lieben die Gemeinschaft. Alle Aktivitäten finden mit den Partnern – ob Mensch oder Artgenossen – statt. Ist das Vertrauen zwischen den Vögeln und der Familie gefestigt, so werden die Sittiche Ihren Kindern bei den Hausaufgaben helfen, Ihnen zur Seite stehen, wenn Sie das Gemüse für das Mittagessen putzen oder aber am Abend gemütlich mit Ihnen fernsehen.

Immer gut drauf

Wellensittiche sind bekannt für ihre gute Laune, ihr Temperament und ihre Lebensfreude. Selten einmal ist es völlig still, wenn man mit diesen gefiederten Koboldensein Leben teilt. Ihre Neugierde, Intelligenz und Spielfreude sind einzigartig. Wellensittiche begrüßen Sie morgens mit fröhlichem Gezwitscher und begleiten das Frühstücksradio mit enthusiastischem Gesang. Die Papageien im Zwergformat verfolgen all Ihre Aktivitäten mit Argusaugen, und folgen Ihnen sogar überall hin. Tun Sie etwas, das die Vögel besonders interessiert, werden sie an Ihrem Arm herunterlaufen, um besser zuschauen zu können. Und tun Sie etwas, das den Vögel missfällt, werden diese ihre ganze Energie für kleine Störmanöver verwenden.

Leben im Sittich-Clan

Haben Sie einmal für Ihre Wellensittiche keine Zeit, so wird mit dem Artgenossen gespielt und gesungen oder man putzt sich gegenseitig. In einem kleinen Schwarm werden sich Pärchen bilden, Streitereien und Versöhnungen vorkommen, ein Don Juan wird die Herzen der Weibchen brechen, Eifersuchtsdramen spielen sich ab, und innige Freundschaften werden geschlossen. All das ist integriert im natürlichen Lebensrhythmus der Wellensittiche.

Mit Wellensittichen auf Du und Du

Die Sinnesorgane der Wellensittiche sind hoch entwickelt. Deshalb sind Wellensittiche im Zusammenleben mit uns ausgesprochen aufgeweckte und pfiffige Zeitgenossen. Einem Wellensittich entgeht nämlich nichts. Die seitlich am Kopf liegenden Augen bieten ihm fast einen Rundumblick. Die mit feinen Sinneszellen ausgestatteten Füße nehmen jede noch so leise Erschütterung wahr. Versuchen Sie also nicht, sich unbemerkt einem Wellensittich zu nähern – Sie haben keine Chance. Und der sensible Charakter, die Intelligenz und das Nachahmungstalent der Vögel sorgen dafür, dass sich zwischen Mensch und Sittich fast so etwas wie eine richtige Freundschaft entwickeln kann.

Oberstes Gebot: gute Kommunikation

Wellensittiche lieben die Kommunikation, und es ist selten still, wenn man mit Wellensittichen sein Leben teilt. Dabei plappern die Vögel nicht einfach vor sich hin, sondern verständigen sich mit ihren Partnern, ob Mensch oder Vogel. Heute weiß man, dass Wellensittiche sehr viel schneller sprechen als beispielsweise wir Menschen und dass wir daher vieles von dem, was unsere Wellensittiche bereits beherrschen, gar nicht verstehen. Es ist einfach zu schnell gesprochen. Die kleinen Australier entwickeln außerdem einen eigenen Dialekt, der vom ganzen Schwarm gesprochen wird. Gut erkennbar ist dies, wenn man einen neuen Wellensittich in die Gruppe aufnimmt: Zu Anfang wird der kleine Bursche sehr still sein und aufmerksam den Lauten seines neuen Schwarmes lauschen. Hat er den neuen Dialekt erlernt, wird er sich munter an der Unterhaltung beteiligen. Interessant ist dabei, dass die Weibchen einen eigenen Kontaktruf haben, der von dem zugehörigen Männchen erlernt wird. Niemals lernen die Weibchen die Kontaktrufe der Männchen, hier sind die Damen sehr anspruchsvoll.

Gespräch unter Freunden: Männliche Wellensittiche sind meist viel geschwätziger und geselliger als weibliche Wellensittiche.

Sprechen wir den gleichen Dialekt? Wellensittiche sind aufmerksame Zuhörer und lernen schnell die Laute, die um sie herum gesprochen werden.

Sprechen lernen macht Freude

ÜBEN SIE mit Ihren Wellensittichen nur, wenn Sie gut gelaunt sind. Benutzen Sie nie das Wort »Nein« und tadeln Sie Ihre Vögel nicht, wenn Sie mit der Aussprache nicht zufrieden sind. Die Sittiche verstehen den Zusammenhang nicht.

ZEIGEN SIE dagegen Ihre Freude, wenn Ihre gefiederten Freunde die ersten Laute nachahmen und geben Sie ihnen dann ein extra Leckerchen.

INTELLIGENZ wird durch Spiel, Spaß und aktives Lernen gefördert. Sprechperlen, die die Vögel intelligenter machen sollen, sind unnütz. Investieren Sie Ihr Geld lieber in neues Spielzeug und lieben Sie Ihre Australier so, wie sie sind – auch wenn sie sich als wenig sprachbegabt erweisen.

Wellensittiche als Sprechkünstler

Wellensittiche gehören innerhalb der Papageien zu den sprechbegabten Arten, aber nicht alle Wellensittiche lernen sprechen. Generell kann man sagen, dass Weibchen kaum sprechen. Sie genießen es lieber, wenn die Männchen sie ansingen. Männliche Wellensittiche besitzen dagegen ein sehr großes Lautrepertoire und lernen rasch neue Laute hinzu. Dabei sprechen Wellensittiche sehr schnell und in einer hohen Frequenz. Kindern fällt es deshalb oft leichter, Wellensittiche zu verstehen.

› Um die eventuelle Begabung Ihrer Wellensittiche zu fördern, sollten Sie mit einfachen, kurzen Worten und Sätzen beginnen. Voraussetzung für das Lernen ist, dass der Wellensittich gesund ist und in einer anregenden Umgebung lebt.

› Erleichtern Sie die Kommunikation mit den Vögeln, indem Sie bestimmte Handlungen mit stets den gleichen, einfachen Sätzen verknüpfen, zum Beispiel: »Wollt ihr eine Möhre? Bitte!«

› Sprechen Sie die Worte, die der Wellensittich lernen soll, mit hoher Stimme und sehr enthusiastisch aus. In solchen Momenten hören Ihre Wellensittiche auf zu plappern und blicken Sie aufmerksam an. Die Vögel hören Ihnen in diesem Moment zu und lernen.

› Verbinden Sie nun nach und nach immer mehr Tätigkeiten mit bestimmten Wörtern und loben Sie Ihre Wellensittiche kräftig, wenn Sie die ersten Sprechversuche machen. Wiederholen Sie bei bestimmten Handlungen immer die gleichen Worte, aber sprechen Sie nicht eine Stunde lang immer wieder den gleichen Satz – das langweilt, die Vögel hören dann nicht mehr zu.

Dennoch gibt es keine Garantie, dass Ihre Sittiche sprechen werden. Genauso wie es uns schwer fallen kann, eine Fremdsprache zu lernen, kann auch ein Wellensittich hier an seine Grenzen stoßen.

Körpersprache: Signale verstehen

Wellensittiche haben eine ausgeprägte Körpersprache, die sehr viel über die Vögel aussagt.

Alles in Ordnung Ein entspannter und gut gelaunter Wellensittich sitzt mit beiden Beinen aufrecht auf dem Ast, sein Gefieder liegt gleichmäßig am Körper an oder ist leicht geplustert und er singt leise vor sich hin. Ein freudig erregtes Tier stellt die Kopffedern auf, die Pupillen verengen sich, und die Brust wird vorgeschoben.

Vertrauen aufbauen Ist der Vogel ängstlich, so legt er das Gefieder eng an den Körper an und macht sich lang und dünn. Viele Wellensittiche bewegen sich nicht mehr, wenn sie Angst haben, in der Hoffnung, dass sie so nicht gesehen werden. Ist die Angst sehr groß, so stellen sie die Flügel vom Körper ab und sind bereit, jeden Moment loszufliegen. Verhält sich Ihr Sittich so, müssen Sie mit vertrauensbildenden Maßnahmen arbeiten, vermutlich hat der kleine Sittich früher schlechte Erfahrungen mit Menschen gemacht. Ziehen Sie sich auf die Entfernung zurück, bei der sich der Vogel wieder entspannen kann. Als Hilfe können Sie die Distanz, ab der der Vogel ängstlich wird, mit einem Isolierband markieren. Geben Sie Ihrem Sittich immer ein Leckerchen, wenn Sie zu ihm gehen. So können Sie sich Schritt für Schritt an das Tier heranarbeiten, bis es wieder Vertrauen zu Ihnen fasst.

Wohlbefinden: Der Wellensittich ist entspannt. Er ruht sich aufgeplustert aus und wird bald einnicken.

Nach der Pause heißt es erstmal Gliederstrecken – nun sind wieder Spiel und Spaß angesagt.

Gefiederpflege macht Freunde

Auch wenn sie als Heimvögel im Schwarm gehalten werden, bilden die Vögel richtige Freundschaften. Diese entstehen häufig vor allem zwischen Männchen. Gegenseitiges Anbalzen und Füttern festigt solche Freundschaften, die auch durch eine Beziehung zu einem Weibchen keinen Schaden nehmen. Die sozialen Bindungen in der Gruppe festigen die Tiere vor allem durch die gegenseitige Gefiederpflege, die bei Wellensittichen eine großen Teil des Tages einnimmt. Dabei nähert sich ein Sittich langsam dem anderen und streckt diesem sein Köpfchen entgegen. Sind die beiden sich sympathisch, so wird mit dem gegenseitigen Putzen begonnen. Diese intensive Gefiederpflege dient aber auch dazu, die Beziehung eines Pärchens zu festigen. Besonders intensiv wird der Kopf des Kraulpartners gepflegt, denn diese Gefiederpartie kann ein Sittich nicht selbst putzen.

Das ist meine Hirse! Futterneid ist unter Wellensittichen kein Fremdwort. Leckereien verteidigen sie mit Bissen und Tritten gegen Konkurrenten.

Beim Futter hört die Freundschaft auf

Bei aller Freundschaft sind Wellensittiche aber auch Futterneider, die eine Leckerei vehement verteidigen. Auch ein Lieblingssitzast wird nicht mit jedem Sittich geteilt, der vorbeigeflogen kommt. Ein aufgestellter Fuß und ein kurzes Drohen mit dem Schnabel sowie abgestellte Flügel machen dem Kontrahenten klar: »Dies ist mein Ast, flieg woanders hin!«. Schwere Auseinandersetzungen sind bei Wellensittichen aber eher selten und werden meist nur zwischen Weibchen ausgetragen, wenn sie brüten wollen und sich um einen Nistplatz streiten. Es ist daher ratsam, stets mehr Brutkästen, als Paare vorhanden sind, zur Auswahl anzubieten, um unnötigen Streit zu vermeiden. Wird ein Wellensittich aus unbekanntem Grund plötzlich aggressiv, so ist er vermutlich krank und muss sofort zum Tierarzt.

Bisweilen beginnen sehr selbstsichere Wellensittiche, kleinere oder schüchterne Artgenossen von ihren Sitzplätzen zu verjagen. Bieten Sie in solch einem Fall sehr viele verschiedene Sitzgelegenheiten an und verteilen Sie das Futter an mehrere Stellen, damit das schwächere Tier ausreichend fressen kann. Häufig entwickeln sich kleinere Sittiche im Lauf der Zeit zu besonders pfiffigen Gesellen.

Bei so viel Sozialkontakt brauchen Wellensittiche regelmäßig Pausen. Zum Schlafen suchen sie gern ihren Lieblingsast auf und singen dort leise vor sich hin. Sie plustern ihr Gefieder auf, dann wird ein Fuß eingezogen. Mit der Zeit wird aus dem Gesang leises Zwitschern, das in ein Schnabelknirschen übergeht. Dies ist ein Zeichen höchster Entspannung. Die Augen schließen sich, das Köpfchen wandert in das Rückengefieder. Ihr Wellensittich hat sich in den Schlaf gesungen.

Abenteuer Freiflug

Wellensittiche sind Luftakrobaten und benötigen jeden Tag einen mehrstündigen Freiflug. Sinnvoll ist es, diesen Freiflug an den natürlichen Tagesrhythmus der Tiere anzupassen. Nach dem morgendlichen Wecken und Putzen möchten Wellensittiche gern ein paar Runden fliegen und toben. Verlassen Sie anschließend das Haus, so haben die Sittiche schon etwas Bewegung gehabt und können im Käfig spielen, bis die Familienmitglieder wieder daheim sind und sie erneut aus dem Käfig lassen.

Vorsorge treffen Wichtig ist, dass das Freiflugzimmer absolut sicher ist und dass reichlich Anflugstellen zur Verfügung stehen. Das Kinderzimmer ist nur bedingt geeignet, denn im Spiel vergessen die Kinder oft, dass die Sittiche frei fliegen, und es kann zu Unfällen kommen. Viele Wellensittiche entweichen durch plötzlich geöffnete Türen und finden den Weg nach Haus nicht mehr. Ihr Schicksal ist durch Beutegreifer schnell besiegelt. Sprechen Sie deshalb die Freiflug-Zeit mit der ganzen Familie ab.

Wellensittiche sind Hochleistungsflieger. Waghalsige Flugmanöver, Purzelbäume und Saltos sind für die kleinen Akrobaten selbstverständlich. Vorrausetzung ist ein optimal gepflegtes Gefieder.

Damit der Freiflug ein Erfolg wird

Der Freiflug sollte besonders aufregend sein, damit Ihre Wellensittiche genug Abwechslung zum Leben im Käfig haben. Außerdem sollten die Sittiche sich möglichst viel bewegen. Richten Sie Freisitze deshalb möglichst weit vom Käfig entfernt ein. Sorgen Sie auch dafür, dass Sie genug Zeit haben, so dass beim Zurücksetzen in den Käfig kein Stress entsteht.

Freiflug-Parcours Statten Sie den Freisitz außerdem mit zahlreichen »Turngeräten« aus: Eine Spirale ist gleichzeitig eine Wippe und eine tolle Gelegenheit zum Herauf- und Hinunterlaufen. Auch Spielzeug muss sein, damit der Freiflug zum Höhepunkt des Tages wird. Triangeln sind bei Wellensittiche sehr beliebt, und hängt in der Mitte dieses Freisitzes noch ein Glöckchen, ist das Vogelglück perfekt.

Gerne zurück Viele Halter haben nach dem Freiflug Probleme, die Sittiche wieder in den Käfig zu bekommen. Ein großer Käfig mit sehr großer Tür und integriertem Freisitz nimmt den Druck aus der Situation, weil die Vögel durch eine größere Öffnung zurück in den Käfig können. Frischen Sie Futter und Wasser auf. Legen Sie ein Stückchen Hirse so in den Käfig, dass Ihre Sittiche es sehen. Setzen Sie nun die Vögel in den Käfig, loben Sie sie kräftig und legen Sie das aufdeckbare Dach langsam zusammen. Ihre Wellensittiche werden schnell lernen, dass es sich lohnt mitzuarbeiten. Klappt es im ersten Moment nicht mit dem Hineinsetzen, wenden Sie sich für ein paar Minuten einer anderen Tätigkeit zu. Es hat keinen Sinn, die Vögel unter Druck zu setzen. Sie weichen aus, wenn Sie sich ihnen nähern, und eine sinnlose Hetzerei entsteht. Vertrauen wird zerstört, und beim nächsten Freiflug werden sich Ihre Sittiche gar nicht mehr in den Käfig setzen lassen. Nach ein paar Minuten starten Sie einen weiteren Versuch. Jetzt macht es sich bezahlt, dass Sie nicht in Eile sind.

Gefahren beim **Freiflug** vermeiden

TIPPS VON DER WELLENSITTICH-EXPERTIN
Hildegard Niemann

GEKIPPTE FENSTER und offene Türen können zu Verletzungen führen, die Vögel können entfliegen.

IN TEPPICHEN mit zu großen Schlaufen können sich die Krallen der Vögel verfangen.

KOCHDÄMPFE, SPRAYS und **DUFTKERZEN** schaden dem Atmungsorgan der Sittiche und können sogar zum Tod führen.

GLÄSER UND VASEN laden zum Trinken ein und werden zu gefährlichen Fallen, wenn der Sittich hineinfällt und sich nicht mehr befreien kann.

OFFENE KABEL und Kabelschächte sind eine Einladung für Wellensittichweibchen zum Nagen. Den Zugang zu Kabeln und Schächten verschließen!

GIFTIGE ZIMMERPFLANZEN können tödlich sein. Ersetzen Sie diese Pflanzen durch ungiftige.

KERZEN während des Freifluges nicht anzünden.

ZIGARETTEN nie im selben Raum rauchen, in dem ein Sittich lebt. Nach dem Rauchen vor dem Anfassen Hände waschen, sonst gelangt das Nikotin von den Fingern auf den Vogel.

Alles, was Spaß macht

Im Freiland verbringen Wellensittiche einen großen Teil des Tages damit, zu ihren Futterstellen zu fliegen, zu fressen und Wasser zu suchen. In unseren Haushalten haben unsere gefiederten Freunde ein ungleich bequemeres Leben. Da unsere Wellensittiche kaum nach Futter suchen müssen, haben sie mehr Zeit zum Spielen und Toben. Wellensittiche sind Temperamentsbündel mit einem ausgeprägten Hang zum Unsinntreiben. Um den Nage- und Spieltrieb in kontrollierbare Bahnen zu lenken und die Intelligenz Ihrer Vögel zu fördern, müssen Sie sich Einiges einfallen lassen. Dabei hat jeder Wellensittich beim Spielen seine ganz besonderen Vorlieben, die Sie auch berücksichtigen sollten.

Leitern und Schaukeln sind eine prima Startrampe, wenn Wellensittiche zu neuen Abenteuern aufbrechen. Manchmal dienen sie aber auch als Ruheplatz.

Die Wellensittich-Grundschule

Wellensittiche lernen vor allem durch Beobachten. Sie folgen Ihnen mit den Augen überall hin und setzen sich nicht selten auf Ihre Schulter, um Ihnen bei der Arbeit zuzusehen. Nutzen Sie diese Eigenschaft und beginnen Sie ein- oder zweimal täglich mit einem kleinen Tricktraining. Gehen Sie dabei immer systematisch vor, dann ist der Lern-Erfolg gesichert.

› Sollen Ihre Sittiche lernen, ein Glöckchen zu leuten, so beginnen Sie das Training, indem Sie die Glocke läuten. Rasch wird der Vogel dies ebenfalls tun. Loben Sie Ihren Wellensittich ab jetzt immer, wenn er die Glocke läutet und geben Sie ihm sofort ein Leckerchen. Gestalten Sie nun den Weg zur Glocke immer schwieriger, bis ein regelrechter Abenteuerparcours entsteht. Am Ende gibt es dann stets das ersehnte Stückchen Hirse und viel Lob.

› Wellensittiche müssen sehr viel fliegen, um körperlich fit zu bleiben und nicht dick zu werden. Bringen Sie Ihren Wellensittichen die Kommandos »Komm« und »Flieg« bei: Zwei Personen stellen sich gegenüber auf. Eine Person hält den Wellensittich auf dem Finger und übergibt ihn mit dem Kommando »Flieg« an die andere Person. Diese antwortet sofort mit »Komm«, und der Wellensittich wird kräftig gelobt. Vergrößern Sie nun langsam den Abstand zwischen sich und der zweiten Person, so dass der Wellensittich fliegen muss, um zu Ihrem Gegenüber zu gelangen. Dieses Spiel kann man sehr gut mit Kindern spielen.

› Die Suche nach Nahrung ist den Sittichen ins Nest gelegt, und es ist wichtig, dass sie diesen Instinkt befriedigen. Machen Sie daher im Freiflug aus der Futtersuche ein Spiel. Befüllen Sie eine ausgehöhlte umgedrehte Kokosnuss mit Sauerampfer und einigen Schnitzen Karotte, bestücken Sie eine Scheibe Kohlrabi mit Rote-Bete-Stückchen oder hängen Sie einen Apfel an einen Obstspieß.

› Manche Wellensittiche lieben es, jedes Spielzeug sofort auseinanderzunehmen und alles mit Feuereifer durch die Gegend zu werfen. Das »Schmeißweg-Spiel« ist für diese quirligen Vögel besonders geeignet. Räumen Sie einen Tisch komplett frei und legen Sie für den Wellensittich geeignetes Spielzeug darauf. Dies können kleine Spielzeugautos, Gitterbälle, Kugelschreiber ohne Minen, Wäscheklammern oder leere Toilettenpapierrollen sein. Schon bald wird der kleine Ordnungshüter Ihnen Gesellschaft leisten und alles genussvoll vom Tisch schieben. Ihre Aufgabe ist es, alles vom Boden wieder aufzuheben, damit – ja genau! – es der kleine Kerl wieder hinunterschieben kann.

› Sehr beliebt bei Papageien und Sittichen ist ein altes Kinderspiel: Kuckuck! Nehmen Sie ein Handtuch (bitte kein gestreiftes, Streifen bedeuten für die Vögel Gefahr) und halten Sie es sich vor das Gesicht. Lassen Sie es nun langsam sinken und rufen Sie »Kuckuck«, wenn Ihre Vögel Sie sehen. Dann ziehen Sie das Handtuch sofort wieder hoch. Sie werden Ihre Wellensittiche lachen sehen!

Aus Obst und Gemüse kann man tolles Spielzeug herstellen. Für so eine Leckerei sind viele Sittiche bereit, mehr zu klettern und zu fliegen.

Verständnis und **Respekt**

OHNE ZWANG Drängen Sie Wellensittichen niemals ein Spiel auf. Spielen soll Spaß machen und darf kein Zwang sein. Wenn ein Wellensittich sich abwendet oder wegfliegt, sich vor einem Spielzeug fürchtet oder aber müde und unkonzentriert ist, so lassen Sie ihn in Ruhe. Er hat Ihnen sehr deutlich gezeigt, dass er nicht spielen möchte, und dies müssen Sie respektieren.

RÜCKSICHT Bringen Sie auch Ihren Kindern bei, diese Signale Ihrer Wellensittiche zu verstehen. Das bedeutet nicht, dass der Wellensittich seinen kleinen Pfleger nicht mehr mag, er hat jetzt nur keine Lust zum Spielen. Zur Wellensittichhaltung gehört auch das Lernen von Geduld!

Die schönsten Sittichspielzeuge

Mittlerweile unterscheidet man bei Spielzeug für Wellensittiche zwischen Bewegungs-, Intelligenz- und Zerstörungsspielzeugen.

Zu den Bewegungsspielzeugen zählen Spiralen, Schaukeln und Triangeln. Sie sollten möglichst immer am höchsten Punkt des Käfigs montiert werden, damit viel Raum zum Schwingen und Spielen für den Vogel bleibt. Auch als Hängefreisitze sind diese Spielzeuge wunderbar geeignet.

Intelligenzspielzeuge sollen den Tüftler in unseren gefiederten Freunden wecken. Neben den kommerziellen Spielzeugen kann man auch mit Selbstgebasteltem einen Wellensittich richtig fordern. Legen Sie zum Beispiel ein Stück Hirse in eine leere Toilettenpapierrolle und verschließen Sie diese mit

1 GUT BESCHÄFTIGT Wellensittiche sehen alle Farben und brauchen buntes Spielzeug, damit sie geistig fit bleiben. Farbenfrohe Holzspielsachen regen zusätzlich den Nagetrieb an und lenken vor allem Weibchen von Möbeln und Tapeten ab. Um neue Dinge für die vorsichtigen Sittiche attraktiv zu machen, dekoriert man sie mit Kräutern – dann können die Vögel nicht widerstehen.

2 BADEN UND NASCHEN Nasses Blattgemüse ist ein herrliches Spielzeug für kleine Bademuffel. Besonders dunkles Gemüse ist sehr Vitamin-A-reich und wird gern zerrupft. Zwischen die Käfigstangen gesteckt oder um den Sitzast gewickelt, werden auch Frischkostverweigerer zu Gemüsefanatikern. Auch Körner kann man im Blatt reichen, wenn man es nach der Mahlzeit entfernt.

3 FITNESS-SPIELZEUG Triangeln, Schaukeln und Spiralen sind in der Wellensittichhaltung unverzichtbar. Die kleinen Australier neigen dazu, dick zu werden und brauchen sehr viel Bewegung, um gesund zu bleiben. Wählen Sie Spielzeug mit nur einer Aufhängung, damit die Vögel ihren Gleichgewichtssinn trainieren. Bimmelt noch ein Glöckchen, ist das Sittichglück perfekt.

etwas Küchentuch an beiden Enden. Ihr Sittich muss nun erst das Küchenpapier zerreißen, um an seine Leckerei zu kommen. Aus einer leeren Brötchentüte lassen sich wunderbar Piñatas (gefüllte Papierhüllen) herstellen. Füllen Sie die Brötchentüte mit ein paar Körnern, etwas Hirse und einigen Schnitzen Möhre und Apfel. Zum Schluss füllen Sie den restlichen Platz mit etwas Toilettenpapier auf. Ihr Wellensittich kann nun in aller Ruhe Papier zerreißen und wird obendrein sogar noch etwas Leckeres zum Fressen finden.

Zerstörungsspielzeug wird dem Wellensittich angeboten, damit er es zernagt, auseinander fleddert und zerbeißt. Dabei kann er sein Schnabelhorn abnutzen. Vor allem bei den Weibchen wird durch solches Spielzeug der Nagetrieb ausreichend befriedigt. Bieten Sie Ihren Wellensittichen außerdem oft frische Zweige an, vor allem von Weide und Hasel. An diesen dürfen sie nach Belieben nagen. Auch käufliches Papageienspielzeug mit einem Leder-, Baumwoll- oder Sisalanteil kann einen Wellensittich eine ganze Weile beschäftigen.

Alles, was kracht macht Wellensittiche lieben Glöckchen und auch andere Spielzeuge, die Geräusche machen. Viele Spielzeuge haben daher mittlerweile Teile, die klingeln oder rasseln. Sind diese Glöckchen noch an einer Schaukel befestigt oder schweben über dem Sittich, so ist der kleine Australier rundum zufrieden.

Vorsicht Achten Sie darauf, dass hartes, nicht zerstörbares Spielzeug, zum Beispiel aus Acryl, nicht zu schwer ist. Die Vögel können sich daran verletzen, wenn es beim Spielen zurückschwingt. Auch Spiegel gehören auf keinen Fall in den Käfig. Die Wellensittiche halten ihr Spiegelbild für einen anderen Vogel und versuchen immer wieder, ihn zu füttern. Dies führt zu Kropfentzündungen (→ Seite 57).

Spielzeug muss **sicher** sein

KAUFEN Sie unbedingt nur Spielzeuge, die für Wellensittiche ausgezeichnet sind. Mit Spielzeug für größere Papageien kann Ihr Sittich nicht optimal spielen. Großes Spielzeug kann zudem Ihren Wellensittich beim Schwingen oder Herunterfallen ernsthaft verletzen.

KAUFEN Sie kein gebrauchtes Spielzeug. Ihre Wellensittiche verdienen sauberes und sicheres neues Spielzeug.

ÜBERPRÜFEN Sie die Aufhängung auf Schadstellen und Rost. Kann sich ein Wellensittich die Krallen oder den Schnabel einklemmen?

ÜBERPRÜFEN Sie die Bestandteile des Spielzeugs auf ihre Festigkeit. Kann der Wellensittich etwas herauslösen und verschlucken?

WELLENSITTICHE lieben buntes Spielzeug. Achten Sie darauf, dass nur ungiftige Farben verwendet worden sind.

BIETEN Sie Ihren Sittichen Spielzeug mit langen Baumwollschnüren nur im Freiflug und unter Ihrer Aufsicht an. Verfängt sich ein Vogel in einem Faden, so können Sie ihn schnell herauslösen. Im Käfig bieten Sie Ihren Wellensittichen besser Sisalschnüre oder kurze Baumwollbüschel an.

LEDER- UND METALLTEILE für selbst gebasteltes Spielzeug sollten nur im Zoofachhandel gekauft werden. Enthält das Spielzeug nicht geeignete, mit Chemikalien behandelte Teile, kann es zu Vergiftungen kommen.

ÜBERPRÜFEN Sie einmal wöchentlich alle Spielzeuge und tauschen Sie diejenigen Teile aus, die defekt sind.

Nachwuchs in der Wellensittich-Familie

Wellensittiche brüten dann, wenn die Umweltbedingungen so gut sind, dass sie für die Jungvögel ausreichend Nahrung finden werden.

Die Balz Dies ist für alle Wellensittichhalter eine aufregende Zeit. Die Männchen bemühen sich intensiv um die Weibchen, starten zu Imponierflügen und singen der Angebeteten mit aufgestellten Federn und kleinen Pupillen etwas vor. Dieses als »Warbling« bezeichnete Ansingen führt bei den Weibchen zum Anstieg des Hormonspiegels und bringt es in Balzstimmung. Beim Männchen werden vermehrt Spermien gebildet, wenn es »warbelt«. Das zu Beginn noch zögerliche Weibchen geht nach einer Weile auf das Werben des Männchens ein und lässt sich von ihm füttern. Wenig später können Sie die ersten Paarungen beobachten, wenn das Männchen auf den Rücken des Weibchens steigt.

Kritische Partnerinnen Wellensittichweibchen sind sehr wählerisch. Junge, unerfahrene Männchen werden schroff zurückgewiesen, denn sie sind zu ungestüm und besitzen noch nicht die Geduld für eine intensive Balz. Umgekehrt scheinen ältere Weibchen von den Männchen eher akzeptiert zu werden. Dies macht Sinn, denn erfahrene Geschlechtspartner sichern die Aufzucht der Jungvögel eher als unerfahrene Vögel.

Männliche Jungvögel können schon mit zehn Wochen Nachkommen zeugen. Dies ist eine Anpassung an den kargen Lebensraum der Wellensittiche. Auch weibliche Tiere sind sehr früh fortpflanzungsfähig, aber man sollte mit der ersten Brut warten, bis die Weibchen mindestens ein Jahr alt sind. Brüten sie zu jung, kann es zu Legenot aufgrund von Kalziummangel oder einem noch nicht ausgereiften Hormonsystem kommen.

Nisthöhle Sobald die meist sehr stabile Beziehung zwischen den Wellensittichen geschlossen wurde, beginnt das Weibchen, nach einer Nisthöhle zu suchen. Jede auch noch so kleine Ritze und jeder Spalt wird überprüft, ob sich dahinter vielleicht eine Höhle befindet.

Kleiner Charmeur: Mit Gesang, aufgestelltem Gefieder und geschwellter Brust bemüht sich das Sittich-Männchen um ein Weibchen.

Kritische Mieter: Die zukünftige Bruthöhle wird ausgiebig untersucht. Beide Partner müssen schließlich damit zufrieden sein.

Liebevoll: Auch die Jüngsten werden mit viel Hingabe umsorgt. Die Küken schlüpfen im Abstand von zwei Tagen und wachsen dann rasch heran.

Brüten und Entwicklung der Küken

Jetzt ist die Zeit gekommen, den Weibchen einen Nistkasten anzubieten. Halten Sie mehrere Weibchen, bieten Sie doppelt so viele Nistkästen an wie Weibchen vorhanden sind. So vermeiden Sie Streitigkeiten. Haben sich die Weibchen für einen Kasten entschieden, entfernen Sie die restlichen Kästen. Das Weibchen wird nun sehr viel Zeit im Kasten verbringen, diesen annagen und es wird vermehrt fressen. Während der Brut und Aufzucht braucht das Weibchen reichlich Kalzium (Sepiaschale) für die Härtung der Eier, die Kontraktion des Legedarms und die Versorgung der Jungen. Reichen Sie zum normalen Futter Keimfutter und Aufzuchtfutter, es hat einen höheren Fettanteil.

Die Eier werden im Abstand von zwei Tagen gelegt, bis das Gelege mit vier bis sechs Eiern vollständig ist. Nach meist 18 Tagen Brutzeit schlüpft der erste Jungvogel, seine Geschwister folgen wieder im Abstand von zwei Tagen. Zu Beginn sind die zwei bis drei Gramm schweren Nestlinge noch nackt und blind, aber bereits in der zweiten Lebenswoche öffnen sich die Augen, und in der dritten Woche sind die Jungvögel bereits so schwer wie ihre Eltern. In den ersten Tagen werden die Jungen allein von der Mutter gefüttert und warm gehalten, später beteiligt sich auch der Vater an der Versorgung. Mit einer Woche müssen die Jungvögel beringt werden. Nach ungefähr einem Monat sind die Kleinen flügge.

Kontrolle ist besser

Um Wellensittiche züchten zu dürfen, benötigen Sie eine so genannte Zuchtgenehmigung, die Sie beim Ordnungsamt beantragen können. Vor der Erteilung der Erlaubnis wird der Amtstierarzt Ihnen einen Besuch abstatten, um die Haltung der Wellensittiche, die Hygiene und Ihre Sachkenntnis zu überprüfen und um sicherzustellen, dass kranke Vögel isoliert werden können.

Pflege und Gesundheit

Wellensittiche sind Sauberkeitsfanatiker. Einen großen Teil des Tages verbringen sie damit, ihr Gefieder, ihre Füße und ihren Schnabel zu säubern, denn der Zustand ihres Körpers ist für die kleinen Sittiche in der Natur überlebenswichtig.

Rundum gepflegt und gesund

Wellensittiche sind in ihrem ursprünglichen Lebensraum auf ein einwandfrei gepflegtes Gefieder angewiesen, damit sie jederzeit fliegen und Fressfeinden entkommen können. Mit ihrem Kot und den Federschäften, die sich während der Mauser ablösen, kommen die Sittiche aufgrund ihrer Lebensweise in der Natur nicht in Kontakt – anders als in unseren Haltungen.

Do it yourself: Körperpflege

Unser Wellensittich kümmert sich allein um seine Gesundheitsvorsorge, indem er einen Großteil des Tages sein Gefieder ausgiebig pflegt. Jede Feder, ob groß oder klein, wird gesäubert und ordentlich an ihren Platz sortiert. Bisweilen bearbeiten Wellensittiche einen Ast so lang, dass nur noch ein spitzes Ende stehen bleibt. Damit kraulen sie sich am Kopf und auch im Augenbereich. Doch keine Sorge: Wellensittiche sind perfekte Präzisionsarbeiter, die sowohl ihren Schnabel als auch dieses Hilfsmittel sehr genau einzusetzen wissen.

Feder für Feder

Als Hochleistungssportler achten Wellensittiche sehr darauf, immer in Topform zu sein. Dem Gefieder gilt dabei die größte Aufmerksamkeit. Obwohl die Vögel fast ganz mit Federn bedeckt sind, machen diese nur fünf bis zehn Prozent des Körpergewichtes aus. Das Gefieder der Wellensittiche besteht aus dem weichen Kleingefieder und buntem Konturgefieder, zu dem auch die Schwung- und Steuerfedern gehören. Das Kleingefieder dient der Isolierung und der Aufrechterhaltung einer aerodynamischen Körperform. Die Fahnen der Konturfedern bestehen aus feinen Seitenstrahlen, deren Querverstrebungen ähnlich wie ein Reißverschluss ineinander greifen. Wenn diese Verbindungen nicht sauber sind oder nicht ordentlich ineinander greifen, ist es für einen Wellensittich schwierig, seine Körpertemperatur zu halten oder zu fliegen. Um diese Strukturen zu pflegen, bildet der Vogel mit seiner Bürzeldrüse an der Basis des Schwanzes ein pflegendes Öl, das er mit dem Schnabel in das Gefieder einarbeitet und das es wasserabweisend macht.

Natürlich darf man bei so viel Körperpflege nicht die Wirkung auf die anderen Wellensittiche vergessen. Ein gepflegtes Gefieder signalisiert den anderen Wellensittichen körperliche Fitness und macht unseren Wellensittich für das andere Geschlecht attraktiv. Kein Wunder also, dass unsere Australier so viel Wert auf ein gutes Aussehen legen!

Wie aus dem Ei gepellt: Ein intaktes Gefieder ist die beste Lebensversicherung. Jede Feder wird sorgfältig geputzt.

Unter Freunden: gegenseitige Pflege

Kann ein Wellensittich sein Gefieder an einer Stelle, zum Beispiel am Kopf, nicht selbst pflegen – kein Problem! Mit den entsprechenden Aufforderungen wendet er sich seinem Partner zu, damit dieser ihm hilft. Im Gegenzug wird natürlich der Freund gepflegt. Ein großes Kompliment ist es, wenn Ihr Sittich beginnt, Sie zu putzen: Augenbrauen, Barthaare und Ohren werden liebevoll beknabbert und die Haare in Form gelegt. Achten Sie darauf, dass der Sittich bei diesen Liebkosungen weder mit Speichel, noch mit Haarspray oder Wimperntusche in Kontakt kommt. Erlaubt es Ihr Sittich, dürfen Sie sich mit intensivem Kopfkraulen bedanken.

Geputzt vom Schnabel bis zum Schwanz

Doch Gefiederpflege ist nicht alles: Die Körperpflege beginnt bereits beim Schnabel, der zeitlebens wächst und abgenutzt werden muss. Um ihn in einem optimalen Zustand zu halten, brauchen Wellensittich frische Äste, zum Beispiel von Weide oder Hasel, zum Benagen. Auch Holzspielzeug kann diese Aufgabe erfüllen und ist zumindest im Winter eine gute Alternative zu frischen Zweigen. Oft reinigen die Australier ihren Schnabel, indem sie ihn an den Sitzästen scheuern. Daher sollte man die Sitzstangen immer so anordnen, dass die Wellensittiche sie nicht von oben mit ihrem Kot beschmutzen können. Die Sitzäste dienen gleichzeitig der Krallenpflege. Die spitzen Krallen werden durch die

Baden ist für wilde Wellensittiche Luxus. Dieser kleine Kerl hat seine eigene Badewanne und pflegt hier sein Gefieder und die sensible, dünne Haut.

Schnabelpflege muss sein: Besonders nach dem Genuss von feuchtem, klebrigem Futter scheuern die Sittiche den Schnabel an einem Ast sauber.

raue Rinde abgenutzt, und die empfindlichen Fußsohlen massiert. Eine besondere Freude für Wellensittiche ist eine kleine Landschaft aus grobem Kies, Steinen und etwas Vogelsand, in der sie nach Futter suchen und die Krallen abnutzen können.

Das regelmäßige Bad

Der ursprüngliche Lebensraum unserer Wellensittiche ist sehr trocken, und selten haben sie Gelegenheit, in Ruhe zu baden. Vielleicht sind deshalb viele Wellensittiche in unseren Heimvogelhaltungen ausgesprochene Bademuffel. Die Vogelwanne vor dem Käfig wird ignoriert, und vor der Blumenspritze haben die Sittiche großen Respekt. Und da sich unsere Wellensittiche täglich gründlich putzen, ist es auch nicht notwendig, sie täglich baden zu lassen. Einmal wöchentlich sollte man den Wellensittich jedoch dazu auffordern, denn dies dient seiner Körperhygiene und es beschäftigt ihn zusätzlich.

Kleine Bademuffel kann man mit einigen Tricks von der Körperreinigung überzeugen. Viele Wellensittiche meiden Badewannen und Badeschalen. Diesen Vögeln sollte man einmal wöchentlich nasse Salatblätter oder Grünkohlblätter (aus biologischem Anbau) auf den Käfig legen. Die kleinen Papageien wuseln durch die Blätter, reiben ihr Brustgefieder und die Unterflügelseite in dem nassen Grün und sind begeistert bei der Sache. Man kann das nasse Grün auch in die Vogelbadewanne legen – und vielleicht nach und nach etwas Wasser einfüllen. Manchmal akzeptieren die Vögel die Wanne aber so wenig, dass sie auch dieses Angebot ablehnen. In diesem Fall kann man die nassen Blätter in eine flache Tonschale legen, deren Boden mit Wasser bedeckt ist. Stellen Sie die Schale so in den Käfig, dass sie nicht von oben mit Kot beschmutzt wird. Mit der Zeit bieten Sie immer weniger Blätter an und füllen etwas mehr Wasser auf, so dass der Wellensittich beim Baden einen nassen Bauch bekommt. Verwenden Sie kühles Wasser, Wellensittiche haben eine hohe Körpertemperatur und warmes Wasser ist ihnen eher unangenehm.

Immer sauber und rein: der Käfig

Der Käfig ist das Spielzimmer unserer Wellensittiche, in dem sie viel Zeit verbringen. Selbstverständlich muss er sauber sein. Das ist nicht immer einfach, denn Wellensittiche lassen etwa alle 30 Minuten »etwas fallen«. Schnell kleben Nahrungsreste und Kotbällchen an den Gitterstäben und in den Käfigritzen.

Gründlich säubern Es reicht nicht, den Schmutz am Käfig einfach abzukratzen. Dabei wird außerdem die Beschichtung des Käfigs zerstört, so dass die Gitterstäbe langfristig rosten. Waschen Sie den Käfig und die Kotauffangschale mit warmem Wasser mit einem milden Reinigungsmittel. Anschließend spülen Sie den Käfig mit klarem Wasser, damit das Reinigungsmittel abgewaschen wird. Sehr hartnäckigen Schmutz sollte man vor dem Reinigen einweichen, dies erleichtert das Putzen.

Mittlerweile gibt es zahlreiche Käfige mit einem Schutzgitter über der Kotauffangschale. Dieses Gitter verhindert, dass die Sittiche beim Spielen auf

Wellness-Heim: Sauberkeit und ein reiches Angebot an Spielzeug sowie Futter- und Wasserstellen müssen sein. Schließlich ist der Käfig Spielzimmer, Ruheraum und Esszimmer zugleich.

dem Boden durch ihren eigenen Schmutz laufen. Besonders wenn Sie berufstätig sind und nicht die Zeit haben, den Käfig auch einmal tagsüber zu reinigen, sind diese Gitter zu empfehlen.
Achten Sie darauf, dass der Käfig auf einem leicht zu säuberndem Untergrund steht, denn mindestens einmal täglich sollten Sie um den Käfig herum Staub saugen, um Spelzen und Staub zu entfernen. Lässt man Futterreste in Ritzen und Ecken über längere Zeit liegen, stellen sich bald Mehlmotten und andere Futterschädlinge ein, die man nur schwer wieder los wird. Außerdem belastet dieser Schmutz Ihre Atemwege und die der Sittiche.

Mein Tipp Säubern Sie den Käfig nicht, solange Ihre Wellensittiche darin sind. Das Hantieren mit den Händen im Käfig, das Reinigen und Auswechseln von Sitzästen und Spielzeugen verunsichert Ihre kleinen Freunde. Putzen Sie den Käfig zu Beginn des Freiflugs. Wenn Ihre Wellensittiche zum Spielen und Fressen wieder hineingehen, ist er wieder trocken und sauber.

Näpfe und Spielzeug

Geeignetes Käfig-Zubehör macht das Reinigen einfach: Ideal sind Metallnäpfe, die sich in der Spülmaschine waschen lassen. Schaffen Sie am besten zwei komplette Sätze an, so ist das Füttern und Säubern auch im hektischen Alltag kein Problem. Alle Gegenstände aus Plastik – ob Näpfe oder Spielzeug – sollten Sie häufig überprüfen und Kot und zerbissene Bestandteile entfernen. Reinigen Sie sie so gründlich wie möglich, denn Risse und Spalten bieten Parasiten und Bakterien einen idealen Nährboden. Viele Kropfentzündungen entstehen, weil sich in den Rissen Bakterien einnisten, die der Vogel beim Trinken immer wieder aufnimmt und sich dadurch infiziert.

Sauberkeit muss sein

WANN?	WAS?
TÄGLICH	Futternäpfe und Wassernapf reinigen (mehrmals täglich) Bodenbelag (Papier oder Sand) auswechseln Badehäuschen säubern und neu befüllen Kot und Nahrungsreste von den Sitzästen entfernen rund um den Käfig staubsaugen getrocknete Kotbällchen einweichen und abwischen
WÖCHENTLICH	Verschmutzte, defekte oder abgenagte Äste und Spielzeuge im Käfig entfernen übrige Spielzeuge kontrollieren und reinigen Spielzeuge auswechseln und neue Spielzeuge anbringen (Achtung: die Lieblingsspielzeuge bleiben immer im Käfig) Bodenwanne und Bodengitter heiß abwaschen und vor dem Zusammenbauen des Käfigs trocknen lassen unter und um den Käfig herum gründlich feucht wischen
MONATLICH	Alle Freisitze, Sitzäste, Seile und Schaukeln auf abstehende, verdreckte und abgenutzte Teile hin kontrollieren und schadhafte Teile ersetzen Käfig komplett mit heißem Wasser abwaschen und trocknen lassen
JÄHRLICH	Badewanne und Vogellampe ersetzen, Käfig auf Abnutzung, Rost usw. kontrollieren

Vorsorge ist wichtig

Wellensittiche können bis zu 15 Jahre alt werden. Leider erreichen viele dieses Alter nicht, weil sie schon nach wenigen Jahren an Krankheiten sterben. Um Krankheiten rechtzeitig zu erkennen, ist es wichtig, dass Sie Ihre Sittiche einmal täglich etwa zehn Minuten beobachten – möglichst, ohne das es diesen auffällt. So lernen Sie, den Gesundheitszustand der Vögel richtig einzuschätzen, und Krankheitssymptome fallen Ihnen besser auf.

Gesundheitscheck

Gesunde Wellensittiche plaudern den ganzen Tag, die Männchen erheblich mehr als die Weibchen. Sie haben Phasen mit erhöhter Aktivität und machen täglich ungefähr um die gleiche Zeit ausgedehnte Pausen, in denen sie auch ein wenig schlafen.
Mit etwas Übung können Sie bald einschätzen, ob sich ein Vogel wohlfühlt: Sitzt der Wellensittich normal auf beiden Beinen? Stehen die Zehen richtig und sind die Krallen ausreichend abgenutzt? Wie sehen Augen, Wachshaut und Schnabel aus? Liegt sein Gefieder am Körper an, ist es sauber und glänzend? Spielt der Wellensittich mit seinen Artgenossen oder sondert er sich eher ein wenig ab? Nimmt er normal Futter auf? Wie ist sein Kot beschaffen? Bei Weibchen, die in der Balz sind und Eier legen, können die Kothäufchen bis zu dreimal größer sein. Dies ist völlig normal und verschwindet nach der Phase des Eierlegens wieder. Wiegen Sie Ihre Vögel wöchentlich. Dazu eignet sich gut eine flache Küchenwaage, auf die Sie ein kleines Stück Hirse legen. Während der Sittich frisst, können Sie in Ruhe das Gewicht ablesen.
Achten Sie darauf, ob Ihre Wellensittiche auf Geräusche reagieren und wie ihr Flug ist. Verliert ein Sittich während des Fluges an Höhe oder kann er gar nicht mehr auffliegen, wenn er abgestürzt ist, ist dies ein Alarmzeichen. Bringen Sie den kleinen Kerl sofort zu einem Facharzt für Exoten.

Fitness-Test: Putzmunter turnt dieser Wellensittich an seinem Ast. Damit das so bleibt, sollten Sie regelmäßig prüfen, wie es Ihrem kleinen Pflegling gerade geht.

Kostverächter? Kontrollieren Sie immer wieder, ob die Wellensittiche ihr Futter auch wirklich fressen oder nur damit spielen und an Gewicht verlieren.

Leiser **Abschied**

WELLENSITTICH-SENIOREN, die im Alter aufgrund von Erkrankungen unter Schmerzen leiden, müssen bisweilen ständig mit vom Tierarzt verordneten Medikamenten behandelt werden. Die Eingabe von Schmerzmedikamenten erhöht besonders bei Gelenkserkrankungen die Lebensqualität des Vogels und ermöglicht ihm ein nahezu beschwerdefreies Alter.
Dennoch kommt auch für solche Sittiche der Tag, an dem Ihnen der Tierarzt empfehlen wird, den Vogel von seinem Leid zu erlösen. Diesen letzten und schmerzfreien Dienst sollten Sie ihm daher nicht verwehren. Bedenken Sie: Ihr Wellensittich hatte bei Ihnen ein schönes und sorgenfreies Leben und hat Ihnen viel Freude bereitet.

Wenn ein Wellensittich alt wird

Alte Wellensittiche haben ihren besonderen Reiz: Sie sind sehr vertraut mit ihrem Halter, sind selbstsicher und nicht mehr so anstrengend wie Jungvögel. Kurz: Das Leben mit einem Wellensittichsenior ist einfach gemütlicher!
Ein Wellensittich gilt mit zehn Jahren als Senior und benötigt andere Haltungsbedingungen als vitale Jungvögel oder Tiere mittleren Alters. Viele Wellensittich-Senioren leiden unter Alterserkrankungen wie Arthritis, Gefäßproblemen und Senilität. Manche können auch nicht mehr gut sehen. Generell sollte man ältere Wellensittiche in halbjährlichem Abstand bei einem Facharzt für Exoten vorstellen.
Besondere Fürsorge Halten Sie einen Schwarm, sollten Sie beobachten, ob der Senior noch ausreichend zu fressen bekommt, denn schwache und kränkliche Sittiche werden oft vom Futter und vom Wasser vertrieben und hungern, ohne dass Sie es bemerken. Stellen Sie fest, dass der alte Vogel ständig verjagt wird, so setzen Sie ihn dreimal täglich in einen gesonderten Käfig, damit er dort in Ruhe fressen kann. Selbstverständlich muss dieser Käfig mit Sitzstangen und Spielzeug ausgestattet sein. Wellensittichsenioren mit Gelenkserkrankungen benötigen besonders breite Sitzäste und Sitzflächen, denn sie möchten sich ab und zu hinlegen, um die schmerzenden Gelenke zu schonen. Achten Sie darauf, dass sich keine wunden Stellen oder Druckgeschwüre an Fußpartien bilden, auf denen der Wellensittich sitzt. Legen Sie unten in den Käfig mehrere Lagen Zeitung und darüber ein altes Handtuch, damit der Vogel sich nicht verletzt, wenn er einmal im Käfig abstürzt, und bieten Sie viele Klettergelegenheiten in Form von Seilen an. Viele alte Sittiche gehen lieber zu Fuß und meiden das anstrengende Fliegen.

Krankheiten erkennen und behandeln

Wellensittiche können Krankheiten sehr lang verstecken, und wir als Halter bemerken meist als Letzte, dass es unseren Pfleglingen nicht gut geht. Mittlerweile weiß man, dass zahlreiche Krankheiten bei Papageien durch Virusinfekte übertragen werden. Daher muss man neue Vögel zunächst eine Weile isoliert halten, bevor sie mit bereits vorhandenen Wellensittichen vergesellschaftet werden. Wellensittiche neigen auch besonders zur Tumorbildung, und nicht wenige sterben an dieser Erkrankung, bevor sie fünf Jahre alt sind. Mittlerweile ist die Vogelmedizin jedoch so weit, dass viele Tumore operiert werden können, und unsere »zähen Wüstenvögel« erholen sich sehr schnell. Da wir relativ spät erkennen, dass es einem Sittich nicht gut geht, müssen auffällige Vögel sofort einem Facharzt für Exoten vorgestellt werden. Warten Sie nicht, sondern fahren Sie lieber einmal zu oft zum Tierarzt.

Dieser Wellensittich ist abgemagert und sitzt teilnahmslos in seinem Käfig – er ist schwer krank und muss sofort zum Tierarzt!

Alarmzeichen erkennen

› Ein Wellensittich ist krank, wenn er aufgeplustert auf beiden Beinen auf dem Ast hockt, nicht mehr auf Geräusche oder Zurufen reagiert und sich plötzlich anfassen lässt, obwohl er bisher eher scheu war.

› Auch Teilnahmslosigkeit, Müdigkeit und unverdautes Futter sind Anzeichen einer Erkrankung.

› Manche Sittiche hören auf zu fressen und zu trinken, wenn sie sich unwohl fühlen.

› Übel riechender Kot, Durchfall und Erbrechen sind wichtige Anzeichen für einen Infekt.

› Getrübte Augen, Ausfluss aus den Nasenlöchern und häufiges Niesen deuten auf eine Erkrankung hin.

› Schont der Wellensittich eine Gliedmaße, kann er sich verletzt haben und braucht ärztliche Hilfe.

Wann und wie zum Tierarzt?

Auch wenn ein Wellensittich nicht krank ist, empfiehlt man ab einem Alter von einem Jahr eine jährliche Untersuchung bei einem Facharzt für Ziervögel oder einem erfahrenen Kleintierarzt. Jungvögel unter einem Jahr und Senioren ab zehn

Jahren aufwärts sollten halbjährlich zum Tierarzt. Machen Sie einen Termin aus und notieren Sie sich alle Fragen (→ Kasten).

Ideal für den Transport zum Tierarzt ist eine kleine Transportbox aus Plastik. Sie sollte jederzeit sichtbar für Ihre Wellensittiche im Wohnbereich stehen, damit die Vögel diesen Gegenstand als ungefährlich erkennen. Steht ein Tierarztbesuch an, legen Sie die Box mit einem Handtuch aus und montieren Sie eine kleine Sitzstange hinein. Das Handtuch sollte keine groben Schlaufen haben, in denen sich der Sittich mit seinen Krallen verfangen kann. Bei kalter Witterung legen Sie ein Handtuch über die Box, im Sommer sollte bei hohen Temperaturen ein feuchtes Handtuch über den hinteren Teil der Box gelegt werden. Die Verdunstungskälte kühlt und hilft dadurch dem kleinen Patienten. Bei Anfahrten, die länger als 30 Minuten dauern, stellen Sie Futter und Wasser in die Transportbox.

Vorsicht Sittiche mit einer Kopfverletzung müssen dunkel und kühl sitzen und sofort zum Tierarzt.

Notfallapotheke für Wellensittiche

Legen Sie sich eine Notfallapotheke für Ihre Wellensittiche zu, damit Sie bei Befindlichkeitsstörungen oder Unfällen schnelle Hilfe leisten können.

› Unverzichtbares Hilfsmittel bei der Pflege eines kranken Sittichs ist der Infrarot-Wärmestrahler. Der Vogel muss sehr viel Energie aufwenden, um seine Körpertemperatur im Krankheitsfall zu halten. Um ihm dies zu erleichtern, installieren Sie die Infrarot-Lampe ungefähr 50 cm vom Käfig entfernt. Legen Sie über eine Hälfte des Käfigs ein Handtuch, damit sich der Patient aussuchen kann, ob er zusätzliche Wärme braucht oder nicht.

› Bei kleineren Verletzungen ist blutstillende Watte hilfreich. Sie kann zur Erstversorgung der Wunde

Checkliste für den **Tierarztbesuch**

TIPPS VON DER WELLENSITTICH-EXPERTIN
Hildegard Niemann

ZEIT Planen Sie ausreichend Zeit für den Tierarzt-Besuch ein. Sie müssen den Sittich in die Transportbox setzen und Hin- und Rückweg, eine Wartezeit von ungewisser Dauer und die Zeit der Untersuchung bedenken.

WICHTIGE HINWEISE Nehmen Sie das Papier aus dem Käfig mit dem Kot der letzten 24 Stunden mit. Der Kot gibt wichtige Hinweise auf die Gesundheit Ihres Wellensittichs.

FRAGEN KLÄREN Notieren Sie sich alle Fragen und sprechen Sie diese auch mit dem Tierarzt durch. Bei Unklarheiten fragen Sie nach, bis Sie alles verstanden haben. Halten Sie sich aber bei der Untersuchung mit Fragen zurück, damit der Tierarzt konzentriert arbeiten kann.

SICHERE DIAGNOSE Keine Medikamente ohne eine Diagnose! Wenn der Tierarzt nicht weiß, woran der Vogel erkrankt ist, empfiehlt sich die Überweisung zum Fachtierarzt.

MEDIKAMENTE Geben Sie Medikamente nach Anweisung und lassen Sie sich dies in der Praxis zeigen. Wenn Sie daheim Probleme haben und der Wellensittich die Medikamente verweigert, informieren Sie sofort den Tierarzt.

eingesetzt werden, bis Sie den Tierarzt erreichen. Größere Wunden können mit einem in Eisen-(III)-Chlorid-Lösung eingetauchten sterilen Tupfer bedeckt werden. Vorsicht: Die Lösung brennt und der Wellensittich wird sich wehren!

› Krallen- und Schnabelschere, elastische Binden, Klebeband und Wattestäbchen sollten in der Notfallapotheke nicht fehlen. Eine feine Pinzette hilft bei der Entfernung kleiner Fremdkörper.

› Bei Störungen des Magen-Darm-Traktes empfehlen sich Heiltees (Anis-Fenchel-Kümmel, Kamille), die aber stark verdünnt gegeben werden sollten.

› Vitamin- und Kalzium-Präparate wirken in der Mauser und bei Infekten unterstützend. Diese Präparate sollten Sie im Kühlschrank aufbewahren.

› Lagern Sie die Notfallapotheke so, dass sie schnell zur Hand ist. Die Telefonnummer des Tierarztes sollte neben dem Telefon hängen, und Sie sollten sich notieren, wann Ihr Veterinär Urlaub macht. Wellensittiche sind sehr kleine Vögel mit einer hohen Stoffwechselrate. Erkranken sie, so bleibt dem Halter wenig Zeit zu reagieren.

Liebevolle Krankenpflege

Kranke Wellensittiche benötigen sehr viel Ruhe und Wärme (→ Seite 55). Es ist daher sinnvoll, den kleinen Kerl in einen ruhigen Raum zu setzen, bis er sich erholt hat. Füttern Sie während der Krankheit energiereiches Futter und bieten Sie dem Wellensittich täglich Hirse an. Viele kranke Wellensittiche ernähren sich fast ausschließlich von Hirse und erholen sich dabei recht schnell. Geben Sie Medikamente nie ins Wasser, sondern träufeln Sie diese mit einer sauberen Einwegspritze (2–5 ml) ohne Nadel direkt in den Schnabel. Nur so haben Sie die Gewissheit, dass der Vogel auch die Menge an Medikament erhält, die er benötigt, um wieder gesund zu werden. Sprechen Sie jetzt nicht mit Ihrem Sittich – auch nicht mit sanfter Stimme, denn er steht jetzt stark unter Stress und fühlt sich sehr unwohl. Geben Sie Medikament immer schweigend und gönnen Sie dem Vogel anschließend eine Pause. Danach dürfen Sie sich wieder mit ihm beschäftigen, wenn er fit genug dafür ist. Folgen Sie grundsätzlich den Anweisungen des Tierarztes.

Räudemilben lassen sich gut behandeln. Bei frühzeitiger Therapie bleiben keine Schäden.

Die Mauser

Das Gefieder von Vögeln ist nicht unbegrenzt haltbar, und besonders Vögel der trockenen und wüstenartigen Regionen müssen damit leben, dass ihr Gefieder ausbleicht, brüchig wird und ausfranst. Sind die Federn abgenutzt, müssen sie ersetzt werden. Diesen Vorgang bezeichnet man als Mauser. Der Mauserzyklus unserer Wellensittiche dauert etwa neun Monate. In dieser Zeit wechseln Sittiche ihr gesamtes Gefieder. Alte Federn fallen aus oder werden, wenn sie jucken, selbst vom Wellensittich gezogen. Besonders wenn die großen Schwung- und Schwanzfedern gewechselt werden, erleben Wellensittiche eine anstrengende Zeit. Sie werden dann müde und vielleicht auch etwas mürrisch sein. Ihr Körper muss das ganze Material, aus dem die Federn bestehen, neu bilden. Daher benötigen die Vögel in dieser Zeit besonders gutes Futter. Reichen Sie den Vögeln etwas Keimfutter, viel frisches Gemüse und ab und zu etwas Extrahirse. Alte und kranke Vögel, die mausern, sollten zusätzlich Aufbaupräparate vom Tierarzt bekommen.

Handzahme Wellensittiche genießen es sehr, wenn die neuen Federn, die noch von den weißlichen Schäften umgeben sind, im Kopfbereich geöffnet werden. Nehmen Sie dazu eine Feder vorsichtig zwischen Daumen und Zeigefinger und reiben Sie die Finger sanft gegeneinander. Der Federschaft wird sich in feines weißes Puder auflösen. Aber Achtung: Bitte ziehen Sie nicht an den Federn und reiben Sie nur im oberen Bereich. Ihr Wellensittich wird Ihnen mitteilen, ob Sie Ihre Arbeit gut machen!

Die häufigsten **Krankheiten** auf einen Blick

KRANKHEIT	SYMPTOME	ERREGER BZW. URSACHE
FRANZÖSISCHE MAUSER	Jungvögel verlieren alle Schwung- und Schwanzfedern, lebenslange Flugunfähigkeit	Erreger: Virus, der das Nachwachsen der Federn verhindert
GOING-LIGHT-SYNDROM	Abmagerung, Durchfall, unverdaute Körner im Kot, gesteigerter Appetit	Erreger: Macrorhabdus ornithogaster (Pilz)
KROPFENT-ZÜNDUNGEN	häufiges Erbrechen, verklebtes Kopfgefieder	Ursache: Spiegelfütterung (→ Seite 43), unreines Trinkwasser, Pilze, Bakterien
PAPAGEIENKRANKHEIT (PSITTAKOSE)	Atemnot, schwere Durchfälle, Krämpfe, Lähmungen	Erreger: Chlamydophila psittaci, auf Menschen übertragbar, Anzeigepflicht
PBFD	Federveränderungen, von Mauser zu Mauser schlimmer, Durchfall, Apathie, Abmagerung	Erreger: Circovirus, auch Vögel ohne Symptome können Überträger sein
SCHNABELRÄUDE	Hornhautwucherungen der Wachshaut, bei starkem Befall an Augen, Kloake und Beinen	Erreger: Räudemilben
TUMOREN UND LIPOME	einseitige Lähmungserscheinungen, Kotabsatzprobleme	Ursache: Geschwüre und Geschwulste, die auf Organe und Nerven drücken

Wellensittich in Not

Selbst bei aller Fürsorge und Vorsicht kommt es in jedem Wellensittichleben zu Problemen. Viele lassen sich mit einigen kleinen Haltungsanpassungen aus der Welt schaffen. Manchmal ist es aber auch der Fachberater (Consultant) gefragt.

Wenn der Vogelpartner stirbt Der Tod eines Wellensittichpartners ist für den zurückgebliebenen Vogel ein schwerer Verlust. Meist ruft der verbliebene Partnervogel stundenlang nach dem verstorbenen Vogel und sucht ihn in allen Räumen. Nach einigen Tagen wird er die Suche aufgeben, nun hat er begriffen, dass sein Partner nicht zurückkehrt. Vergesellschaften Sie Ihren einsamen Wellensittich möglichst schnell mit einem neuen Partner, damit er sich nicht alleine fühlt. Beachten Sie dabei bitte die Quarantänefrist (→ Seite 24).

Ab durch die Mitte: Wellensittiche reagieren sieben Mal so schnell wie Menschen und sind rasch durch das Fenster oder eine offene Tür entwischt.

Vogel entflogen Wellensittiche sind unglaublich wendige und schnelle Flieger. Es passiert nicht selten, dass ein Vogel durch ein gekipptes Fenster oder eine offen stehende Tür entweicht. Den Weg zurück nach Haus wird er vermutlich nicht mehr finden. Nachdem Sie die erste Panik überwunden haben, sollten Sie sich mit einem kleinen tragbaren Käfig auf den Weg machen und Ihren Wellensittich im nächsten Umkreis (ca. 2 km) laut rufend suchen. Hängen Sie Schilder mit dem Bild Ihres Sittichs auf und informieren Sie Treffpunkte der Umgebung (Bäcker, Apotheke usw.), dass Sie Ihren Vogel vermissen. Meist werden entflogene Wellensittiche ein bis zwei Tage später entkräftet aufgefunden und ins Tierheim gebracht. Hinterlassen Sie also auch dort Ihre Adresse, für den Fall, dass Ihr Sittich gefunden wird.

Streithähne trennen Wellensittiche sind in der Regel friedfertige Gesellen. Selten kommt es einmal vor, dass ein Wellensittich den anderen einfach nicht mag. Dennoch kann es zu Streitigkeiten kommen, wenn zum Beispiel mehr Weibchen als Männchen in einem Käfig leben. Die andauernden Auseinandersetzungen und das Verjagen vom Futterplatz können sehr belastend für den Schwarm sein. In diesem Fall kaufen Sie besser einen Käfig mit Trennwand, um die Streithähne auf Distanz zu halten. Diese Trennwände lassen sich in Sekundenschnelle einschieben und herausziehen. So können die Sittiche den gesamten Platz nutzen, wenn Sie daheim sind, und Sie können sie trennen, wenn Sie die Streithähne nicht beaufsichtigen können.

Diagnose: flugunfähig Ursache für Flugunfähigkeit können neben der Französischen Mauser Knochenbrüche oder aber auch das hohe Alter des Sittichs sein. Bieten Sie diesen Vögeln sehr viele Klettermöglichkeiten an, indem Sie Seile, Leitern und Äste so anordnen, dass sich der Fußgänger seine Umgebung erlaufen kann. Problematisch sind bei diesen Sittichen vor allem Stürze, die Vögel landen ungebremst auf dem Brustbein, und es kommt zu Knochenbrüchen. Legen Sie unterhalb des Freisitzes eine doppelte Lage alter Handtücher aus. Sie lassen sich täglich wechseln und dämpfen den Aufprall.

Abspecken tut not Viele Wellensittiche sind übergewichtig und leiden unter Fettgeschwulsten. Diese Fettansammlungen sind gefährlich und können dazu führen, dass der Wellensittich ernsthaft erkrankt. Bisweilen muss solchen Sittichen eine Diät verordnet werden. Dies ist in der Paar- oder Schwarmhaltung nicht ganz einfach, denn der erkrankte Sittich muss nun ein anderes Futter als seine Artgenossen fressen. Auch hier sollte man auf einen Käfig mit Trennwand ausweichen und die Vögel zu bestimmten Zeiten einzeln füttern, indem man die Trennwand einzieht. Nach der Fütterung dürfen die Vögel wieder gemeinsam spielen.

Nachwuchs nicht erwünscht Brutlustige Weibchen können eine wahre Plage sein. Jedes noch so kleine Loch, jede Nische und jeder Spalt wird untersucht, ob er sich als Nistgelegenheit eignet. Dem Halter bleibt im Freiflug nichts anderes übrig, als alle Ritzen zu verschließen. Bieten Sie dem Weibchen zudem viel frische Weide zum Nagen an und sorgen Sie dafür, dass die Vögel mindestens zwölf Stunden Nachtruhe in einem dunklen Raum halten. Dies senkt den Hormonspiegel des Weibchens.

Depression Wellensittiche sind Frohnaturen, trotzdem kann es auch bei ihnen zu seelischen Störungen kommen. Der sonst aktive Vogel sitzt teilnahmslos in seinem Käfig, mag nicht mehr spielen und zwitschert auch nicht mehr. Bestätigt der Tierarzt,

Junge Rüpel: Ältere, kranke Sittiche werden oft von fitteren Tieren vom Futternapf vertrieben. Füttern Sie separat zu und kontrollieren Sie das Gewicht.

dass dem kleinen Kerl organisch nichts fehlt, können Sie davon ausgehen, dass der Wellensittich depressiv ist. Beschäftigen Sie sich jetzt sehr viel mit ihm, überprüfen Sie das Verhältnis zum Partnervogel und bieten Sie ihm reichlich interessantes Spielzeug an. Musik, Gelächter und viel Sport werden dem Sittich seine Lebensfreude wiedergeben.

Wenn der Fachmann nötig ist Verschiedene Probleme in der Wellensittichhaltung sind für den Halter schwierig zu meistern und benötigen bisweilen professionelle Hilfe. Sehr viele Wellensittiche haben Angst vor Händen und geraten in Panik, wenn man sich ihnen nähert. Sie wurden vermutlich mit der Hand gefangen und sehr lang festgehalten, während sich der zukünftige Halter und der Verkäufer unterhalten haben. Auch Wellensittiche, die unter »Cage Bonding« (→ Seite 24), hospitalistischem Verhalten und Rupferproblematiken leiden, sollten einem Verhaltenstherapeuten vorgestellt werden.

Die **halbfett** gesetzen Seitenzahlen verweisen auf Abbildungen, U = Umschlag, UK = Umschlagklappe.

A

B

C/D

E

F

G

H/I

K

L

Die Inhalte dieses Buch beziehen sich auf die Bestimmungen des deutschen Tier- bzw. Artenschutzes. In anderen Ländern können die Angaben abweichend sein. Erkundigen Sie sich daher im Zweifelsfall bei Ihrem Zoofachhändler oder der entsprechenden Behörde.

Adressen

› Vereinigung für Artenschutz, Vogelhaltung und Vogelzucht e.V. (AZ), PF 1168, 71501 Backnang, www.azvogelzucht.de
› Vereinigung für Zucht und Erhalt einheimischer und fremdländischer Vögel e.V. (VZE), H. J. Wöhrmann (2. Vorsitzender), Geschäftsstelle: Bornaische Str. 210, 04279 Leipzig, www.vze-online.net

Wichtiger **Hinweis**

› **Kranker Wellensittich** Treten bei Ihrem Vogel Krankheitsanzeichen auf, gehört er in die Hand des Tierarztes.

› **Ansteckungsgefahr** Nur wenige Krankheiten sind auf den Menschen übertragbar. Weisen Sie Ihren Arzt auf Ihren Tierkontakt hin. Das gilt besonders bei grippeähnlichen Erkrankungen.

› **Allergie und Asthma** Manche Menschen reagieren auf Federn und Federstaub. Wenn Sie unsicher sind, fragen Sie vor dem Kauf eines Wellensittichs Ihren Hausarzt.

› Bundesverband für fachgerechten Natur- und Artenschutz e.V. (BNA), Ostendstr. 4, 76707 Hambrücken

Wellensittiche im Internet

› www.papageien-training.de
› www.papageien.de
› www.papageienfonds.de
› www.birds-online.de
› www.wellensittich.de

Informationen über giftige Pflanzen finden Sie unter:
› www.giftpflanzen.ch
› www.botanikus.de

Fragen zur Haltung

beantwortet Ihr Zoofachhändler und der Zentralverband Zoologischer Fachbetriebe Deutschlands e.V. (ZZF), Tel.: 0611/44755332 (nur telefonische Auskunft möglich: Mo 12–16 Uhr, Do 8–12 Uhr), www.zzf.de
Der ZZF hat einen bundesweiten Suchdienst für entflogene Vögel eingerichtet. Alle beringten Vögel können aufgrund der Fußringe identifiziert und ihrem Besitzer zugeordnet werden.

Bücher

› Haupt, T.: Sittiche. Gräfe und Unzer Verlag, München
› Haupt, T.: Papageien. Gräfe und Unzer Verlag, München
› Lang, A.: Ziervögel von A bis Z. Gräfe und Unzer Verlag, München
› Schnabl, H.: Vogelfutterpflanzen. Arndt Verlag, Bretten
› Reinschmidt, M./Lambert, K.-H.: Papageien der Welt. Ulmer Verlag, Stuttgart
› Birmelin, I.: Mein Wellensittich. Gräfe und Unzer Verlag, München

Zeitschriften

› WP-Magazin, Europas größte Zeitschrift für Vogelhalter. Arndt-Verlag, Bretten
› Papageien, Fachzeitschrift für die Haltung, Zucht und das Freileben der Sittiche und Papageien. Arndt-Verlag, Bretten
› Gefiederte Welt. Verlag Eugen Ulmer, Stuttgart
› Der Vogelfreund. Fachzeitschrift des DKB (→ Adressen). Hanke Verlag GmbH, Künzelsau
› AZ-Nachrichten. Zeitschrift für Mitglieder der AZ (→ Adressen). Verlag M. & H. Schaper, Alfeld

Dank

Verlag und Autorin danken Wagner's Papageien-Paradies, Geilenkirchen, vielmals für die Unterstützung bei der Fotoproduktion (Käfig und Spielzeug) sowie Herrn Karl-Heinz Lambert für die Freilandaufnahmen und Herrn Dr. Carlo Manderscheid für die Bebilderung der Krankheitsbeschreibungen.

Bildnachweis

Alle Fotos in diesem Buch stammen von Oliver Giel mit Ausnahme von:
Karl-Heinz Lambert: S. 6, 8
Sabrina Kaiser: S. 14, 45 re.
Dr. Carlo Manderscheid: S. 54, 56

Freude am Tier

Die neuen Tierratgeber – da steckt mehr drin

ISBN 978-3-8338-1202-6
64 Seiten

ISBN 978-3-8338-0523-3
64 Seiten

ISBN 978-3-8338-2150-9
64 Seiten

ISBN 978-3-8338-2149-3
64 Seiten

ISBN 978-3-8338-1195-1
64 Seiten

ISBN 978-3-8338-1169-2
64 Seiten

Das macht sie so besonders:

Praxiswissen kompakt – vermittelt von GU-Tierexperten

Praktische Klappen – alle Infos auf einen Blick

Die 10 GU-Erfolgstipps – so fühlt sich Ihr Tier wohl

GU

Willkommen im Leben.

Unsere Garantie

Alle Informationen in diesem Ratgeber sind sorgfältig und gewissenhaft geprüft. Sollte dennoch einmal ein Fehler enthalten sein, schicken Sie uns das Buch mit dem entsprechenden Hinweis an unseren Leserservice zurück. Wir tauschen Ihnen den GU-Ratgeber gegen einen anderen zum gleichen oder ähnlichen Thema um.

Liebe Leserin und lieber Leser,

wir freuen uns, dass Sie sich für ein GU-Buch entschieden haben. Mit Ihrem Kauf setzen Sie auf die Qualität, Kompetenz und Aktualität unserer Ratgeber. Dafür sagen wir Danke! Wir wollen als führender Ratgeberverlag noch besser werden. Daher ist uns Ihre Meinung wichtig. Bitte senden Sie uns Ihre Anregungen, Ihre Kritik oder Ihr Lob zu unseren Büchern. Haben Sie Fragen oder benötigen Sie weiteren Rat zum Thema? Wir freuen uns auf Ihre Nachricht!

Wir sind für Sie da!
Montag – Donnerstag: 8.00 – 18.00 Uhr;
Freitag: 8.00 – 16.00 Uhr
Tel.: 0180 - 5 00 50 54*
Fax: 0180 - 5 01 20 54*
E-Mail:
leserservice@graefe-und-unzer.de

*(0,14 €/Min. aus dem dt. Festnetz/Mobilfunkpreise maximal 0,42 €/Min.)

P.S.: Wollen Sie noch mehr Aktuelles von GU wissen, dann abonnieren Sie doch unseren kostenlosen GU-Online-Newsletter und/oder unsere kostenlosen Kundenmagazine.

GRÄFE UND UNZER VERLAG
Leserservice
Postfach 86 03 13
81630 München

Projektleitung: Jutta Weikmann
Lektorat: Barbara Kiesewetter
Bildredaktion: Natascha Klebl
Umschlaggestaltung und Layout: independent Medien-Design, Horst Moser, München
Herstellung: Petra Roth
Satz: Uhl + Massopust, Aalen
Reproduktion: Longo AG, Bozen
Druck: Firmengruppe APPL, aprinta druck, Wemding
Bindung: Firmengruppe APPL, sellier druck, Freising

Printed in Germany

ISBN 978-3-8338-0592-9

5. Auflage 2011

GRÄFE UND UNZER

Ein Unternehmen der
GANSKE VERLAGSGRUPPE

Die Autorin

Hildegard Niemann ist Diplom-Biologin und freiberuflich tätig als »Parrot Behaviour Consultant«. Sie berät Wellensittichhalter sowie Halter anderer Papageien zum Thema Verhalten, Haltung und Ernährung. Für das WP-Magazin arbeitet sie als Autorin und veröffentlicht zahlreiche Fachartikel.

Der Fotograf

Oliver Giel hat sich auf Natur- und Tierfotografie spezialisiert und betreut mit seiner Lebensgefährtin Eva Scherer Bildproduktionen für Bücher, Zeitschriften, Kalender und Werbung. Mehr über sein Fotostudio finden Sie unter www.tierfotograf.com

Syndication:
www.jalag-syndication.de